Mer villar
2011

D1375127

MARCIA GRAD

LA PRINCESA QUE CREÍA EN LOS CUENTOS DE HADAS

EDICIONES OBELISCO

Si este libro le ha interesado y desea que le mantengamos informado
de nuestras publicaciones, escríbanos indicándonos qué temas son de su interés
(Astrología, Autoayuda, Ciencias Ocultas, Artes Marciales, Naturismo,
Espiritualidad, Tradición...) y gustosamente le complaceremos.

Puede consultar nuestro catálogo de libros en Internet:
http//www.edicionesobelisco.com

Colección Narrativa
LA PRINCESA QUE CREÍA EN LOS CUENTOS DE HADAS
Marcia Grad Powers

1.ª edición: febrero de 1998
58.ª edición: noviembre de 2009

Título original: *The Princess who believed in Fairy Tales*
Traducción: *Elena Lampérez Sánchez*
Revisión: *Amaya Aguirre Orúe*
Diseño de cubierta: *Ricard Magrané,*
sobre una ilustración de *Carlos Vallalta*
Maquetación y diseño: *Antonia García y González*

© 1995, Marcia Grad Powers
(Reservados todos los derechos)
Publicado por acuerdo con Wilshire Book Company
12015 Sherman Road, N̥o. Hollywood, CA 91605-3781 USA
© 1997, Ediciones Obelisco, S. L.
(Reservados los derechos para la presente edición)

Edita: Ediciones Obelisco S. L.
Pere IV, 78 (Edif. Pedro IV) 3.ª planta, 5.ª puerta
08005 Barcelona - España
Tel. 93 309 85 25 - Fax 93 309 85 23
E-mail: info@edicionesobelisco.com

Paracas, 59 C1275AFA Buenos Aires - Argentina
Tel. (541-14) 305 06 33 - Fax: (541-14) 304 78 20

ISBN: 978-84-7720-623-1
Depósito Legal: 44.264-2009

Printed in Spain

Impreso en España en los talleres gráficos de Romanyà/Valls S.A.
Verdaguer, 1 - 08786 Capellades (Barcelona)

Algún día llegará mi Príncipe

ÉRASE una vez una princesita delicada de cabellos dorados, llamada Victoria, que creía de todo corazón en los cuentos de hadas y en la eterna felicidad de las princesas. Tenía una fe absoluta en la magia de los sabios, en el triunfo del bien sobre el mal y en el poderoso amor capaz de conquistarlo todo. En realidad, toda una filosofía basada en la sabiduría de los cuentos de hadas.

Uno de sus primeros recuerdos de la infancia eran sus baños de espuma, que le daban una apariencia cálida y sonrosada, tras los cuales se acurrucaba bajo su edredón de plumas rosa entre un montón de suaves almohadas dispuesta a escuchar las historias sobre hermosas doncellas en peligro que le leía la reina antes de dormir. Vestidas con andrajos o bajo el hechizo de un sueño de cien años, cautivas en una torre o víctimas de una catástrofe, siempre conseguían las rubias doncellas ser rescatadas por un príncipe valiente, apuesto y encantador. La princesita memorizaba cada palabra que su madre pronunciaba y, noche tras noche, se quedaba dormida tejiendo maravillosos cuentos de hadas en su imaginación.

—¿Algún día llegará mi príncipe?, —le preguntó una noche a la reina abriendo sus maravillosos ojos ámbar llenos de asombro e inocencia.

—Sí, cariño —le contestó la reina—, algún día.

—¿Y será alto, fuerte, valiente, apuesto y encantador?, —le preguntó la princesita.

—Desde luego que sí. Tal y como lo has soñado e incluso más, pues será la luz de tu vida y tu razón de ser, ya que así está escrito.

—¿Y viviremos felices para siempre como en los cuentos de hadas?, —le volvió a preguntar como si estuviera soñando, inclinando la cabeza y apoyando las manos en la mejilla.

La reina, acariciando el pelo de la princesita con suavidad y cariño, le contestó:

—Igual que en los cuentos de hadas. Y ahora a dormir, que ya es hora. —Le dio un cálido beso en la frente y se marchó de la habitación, cerrando la puerta con gran sigilo.

—Ya puedes salir, no hay peligro, —susurró la princesita inclinándose a un lado de la cama y levantando uno de sus volantes para que Timothy Vandenberg III pudiera salir de su escondite—. Venga, chico, —le dijo.

Su peludo amiguito saltó a la cama y fue a ocupar su sitio de costumbre junto a ella. En realidad, no se parecía a Timothy Vandenberg III sino a un chucho corriente, aunque la princesita lo amaba como si se tratara del más regio de los perros de la Corona. Le dio un efusivo abrazo y de ese modo, felices y contentos, se quedaron dormidos.

Cada día la princesita se maquillaba con los coloretes de la reina, se vestía con uno de sus trajes de noche y se ponía sus zapatos de tacón, imaginándose que eran zapatos de cristal. Arrastrando por el suelo la enorme falda, se paseaba por la habitación moviendo las pestañas con coquetería, mirando con dulzura y diciendo:

—Siempre he sabido que vendrías, mi querido príncipe. En verdad, sería para mí un gran honor ser tu esposa. —Luego, representaba las escenas de rescate de su cuento de hadas favorito, recitando las estrofas de memoria.

La princesita se preparaba con gran afán antes de la llegada de su príncipe y nunca se cansaba de interpretar su papel. A los siete años, sabía mover las pestañas, mirar de forma coqueta y aceptar propuestas de matrimonio a la perfección.

Durante la cena, y tras haber formulado la princesita su deseo en secreto y haber apagado las velas de su tarta de cumpleaños rellena con dulce chocolate, la reina se levantó y le entregó un paquete envuelto con gran esmero.

—Tu padre y yo pensamos que tienes ya edad suficiente como para apreciar este regalo tan especial. Ha pasado de madres a hijas durante muchas generaciones y yo tenía tu misma edad cuando mi madre me lo entregó el día de mi cumpleaños. Esperamos que un día tú también puedas dárselo a tu hija.

La reina puso el paquete en las manos de su hija, quien, con gran expectación, desató la cinta y el lazo aunque sin precipitarse, pues así podría, siguiendo su costumbre, añadirlos intactos a su colección. Después, quitó el papel que lo envolvía sin romperlo y dejó al descubierto una antigua caja de música con dos estatuillas en la parte superior que representaban a una elegante pareja en posición de vals.

—¡Oh, mira —exclamó rozando con sus dedos las estatuillas—, es una doncella rubia con su príncipe!

—Ponla en marcha, princesa, —dijo el rey.

Con cuidado de no darle demasiado fuerte, giró la pequeña llave y, al instante, el campanilleo de la canción: *«Algún día llegará mi príncipe»* se extendió por la habitación y la elegante pareja comenzó a dar vueltas y más vueltas.

—¡Mi canción favorita!, —exclamó la princesita.

La reina estaba encantada:

—Es un presagio de tu futuro. Una prueba de lo que va a ocurrir.

—Me gusta mucho —contestó la princesita fascinada por la música y las estatuillas—, ¡gracias!, ¡gracias!

Victoria sólo esperaba el momento de subir a su habitación esa noche para jugar a solas con la caja de música y, a la vez, para poder hablar y compartir sus sueños con Vicky, su mejor amiga, aunque el rey y la reina insistieran en decirle que era imaginaria.

—¡Date prisa, Victoria! —le dijo Vicky con gran excitación tan pronto como se cerró la puerta—, ¡ponla en marcha!

—Ya voy, —contestó Victoria, poniendo la caja de música en su mesilla y haciendo girar la llave.

Vicky comenzó a tararear «*Algún día llegará mi príncipe*» mientras su música llenaba toda la habitación.

—Venga, Victoria, vamos a bailar,— le dijo.

—No sé si deberíamos hacerlo, creo que...

—Piensas demasiado. ¡Venga!

La princesita se colocó delante del gran espejo de bronce situado en una esquina de su habitación blanca y rosa. Siempre que se miraba en él, el reflejo que le devolvía le hacía sentirse tan bonita que le daban ganas de bailar. En ese instante, con la música de fondo, no pudo resistirlo. Comenzó a dar vueltas con gran elegancia a un lado y a otro, inclinándose hacia abajo y hacia arriba en una espiral mientras se dejaba llevar por un sentimiento que procedía de lo más profundo de su ser. Timothy Vandenberg III bailaba también, a su manera, jugueteando y dando vueltas sin cesar

La sirvienta entró a preparar la cama como era su deber, pero se lo estaba pasando tan bien mientras la veía bailar con tanta alegría, que le costó más de lo habitual terminar su tarea.

De repente, la reina apareció por la puerta. La sirvienta no supo cómo reaccionar pues la había descubierto contemplando a la princesita en vez de atender a sus obligaciones.

Timothy, sintiendo al instante la presencia de la reina, se escondió debajo de la cama para ponerse a salvo.

Sin embargo, tan concentrada estaba la princesita con su baile que no se dio cuenta de la presencia de la reina hasta que le oyó decir a la sirvienta que se retirase. Se quedó paralizada en medio de uno de sus mejores giros.

—De verdad, Victoria —dijo la reina—, ¿cómo has podido hacer algo tan indecoroso?

La princesita se sintió humillada. ¿Cómo podía ser tan malo algo tan maravilloso?, se preguntaba.

—Si deseas bailar —le dijo la reina—, debes aprender a hacerlo bien. El Estudio Real de Teatro cuenta con magníficos instructores de ballet, una actividad mucho más digna que moverse de un lado para otro sacudiendo los brazos igual que una humilde plebeya y delante de uno de ellos, ¡ni más ni menos!

En ese momento, la princesita se prometió a sí misma no volver a bailar su canción «*Algún día llegará mi príncipe*» delante de nadie más en toda su vida, salvo en presencia de Timothy pues él era diferente. Desde que se lo encontró merodeando por los alrededores de palacio, hambriento y abandonado, le había confiado sus más íntimos secretos y él siempre le había correspondido con cariño, a diferencia de otras personas que conocía.

La reina se calmó y se quedó a hacer compañía a su hija mientras se bañaba esa noche. Le ayudó a ponerse su camisón lila de mangas abultadas y luego se sentó a su lado en la gran cama con dosel de encaje blanco.

Cogió el libro de cuentos de hadas que estaba encima de la mesilla y comenzó a leer en voz alta.

Muy pronto la princesita se vio de nuevo envuelta en el mundo mágico de la eterna felicidad. Se acomodó plácidamente, y el incidente anterior que tanto le había desconcertado se borró de su mente por completo.

CAPÍTULO

2

La princesita y el Código Real

LA PRINCESITA paseaba por el estrecho y sinuoso sendero del jardín del palacio, intentando sostener una cesta en la que llevaba tres pequeños tiestos de hermosas rosas rojas, una paleta, unos fertilizantes, unos guantes de jardinería, una pequeña regadera y una gran toalla de lino del palacio. A su paso, los capullos de rosas y las flores de diversos colores, brillantes, rosas, blancas y amarillas, abrían sus nuevos pétalos hacia el sol con gran delicadeza, y su perfume llegaba hasta las copas de los árboles. Su alegre corazón cantaba mientras de rodillas colocaba la toalla junto a un montón de tierra ya preparada para ser plantada. El jardinero de palacio le había enseñado muy bien su oficio y sabía cuál era su tarea. Y así lo hizo sin mancharse apenas su blanco delantal.

Era tal la dulzura de su canto que, antes de colocar la primera planta en la tierra, los pájaros de los árboles, sintiéndose atraídos, se atrevieron a cantar al unísono con ella.

Una vez terminada su labor, regresó a palacio seguida por los pájaros mientras invadía con su melodía el vestíbulo real.

Era tan grande la algarabía y el gorjeo, que la princesita no oyó al rey que salía por una puerta cercana al enorme vestíbulo.

—Victoria —dijo con tono de enfado mientras se dirigía hacia ella—, deja de armar tanto alboroto ahora mismo. ¿No hemos hablado ya muchas veces de ello? ¡Es que no me escuchas!

La princesita se quedó paralizada ante la súbita presencia del rey.

—Lo siento, papá —dijo con gran nerviosismo elevando la voz por encima del gorjeo y del trino de los pájaros—, lamento que mi canto sea...

—Para los pájaros —le contestó—. Y muy bien pueden dar fe de ello esas infernales criaturas que se posan en el suelo y vuelan de acá para allá, saliendo y entrando por las ventanas del palacio y causando un gran alboroto cada vez que comienzas a cantar esas tonterías. —Sacudió los brazos para ahuyentar a los pájaros—. ¡Sácalos de aquí de una vez! Estoy reunido con los dignatarios extranjeros y no podemos hablar con todo este alboroto al que tú llamas canto.

—Sí, papá, —contestó la princesita a la vez que intentaba por todos los medios no parecer abatida por este golpe mortal, pues sabía muy bien lo que podía pasar si se alteraba delante de cualquier persona, sobre todo de su padre.

Satisfecho, el rey dio media vuelta y al tiempo que se disponía a desaparecer por la misma puerta por la que había venido, apareció Timothy Vandenberg III que, ladrando con gran furia, se cruzó en su camino y estuvo a punto de derribarlo.

—¡Guardia —gritó el rey—, saquen a este chucho del palacio y asegúrense de que no vuelva!

—¡No, no papá! ¡Timothy no! ¡Que no se lo lleven, por favor!

—No es más que un estorbo, Victoria; —se volvió al guardia y señalando la puerta, continuó—: el perro debe irse.

El guardia siguió a Timothy Vandenberg III que intentó escabullirse corriendo de un lado a otro, pero en el instante en el que el guardia lo iba a alcanzar, Timothy tropezó con un pedestal de alabastro y tiró al suelo de mármol un jarrón de hermosas rosas rojas de tallo largo.

La princesita, agarrando la pierna del guardia en el momento en el que se disponía a agarrar al perro, le rogó:

—Por favor, no se lo lleve. ¡Por favor!

La reina, que había oído el alboroto y había salido rápidamente para averiguar la causa, tomó a la princesita del brazo y la separó del guardia.

—Victoria, ¡te ordeno que dejes de comportarte de esta forma tan indecorosa ahora mismo! Tú padre tiene razón; un perro es un animal indigno de una princesa; —miró a su alrededor con gran estupor y exclamó—: ¡Mira todo este desorden!

La princesita intentó disimular su propio enfado y guardó silencio, aunque la expresión de su cara la delataba.

—¡Sabes muy bien cómo debes comportarte! —le dijo la reina, examinando con atención el gesto fruncido de la princesita—. Vete ahora mismo a tu habitación y repasa el Código Real, sobre todo la parte que trata de la conducta distinguida y la indecorosa manifestación de las emociones. Y no salgas hasta que no haya una sonrisa en tu cara.

La princesita luchó para no dejarse llevar por el impulso que le empujaba a salir corriendo del vestíbulo y, en su lugar, un mar de lágrimas amenazaba con inundar sus ojos. Sin embargo, consiguió contenerlas aunque alguna pequeña lágrima errante corrió por su mejilla mientras subía por la gran escalera de caracol que le conduciría a su habitación.

Una vez en ella, derramó muchas más lágrimas mientras releía el «Código Real de Sentimientos y Conducta de Princesas» colgado en un lugar destacado encima de su tocador. Había sido confeccionado con gran esmero por el calígrafo de palacio, enmarcado y colocado con gran acierto por el decorador quien, a su vez, había seguido las órdenes de la reina. En él se decretaba no sólo cómo debía mirar, actuar y hablar en todo momento la princesita, sino también lo que tenía que pensar y sentir. Asimismo, exponía con suma claridad los pensamientos y sentimientos que se consideraban improcedentes para su condición, si bien en múltiples ocasiones así era como *sentía* y *pensaba.* En ninguna parte se decía lo que tenía que hacer para evitarlo. Después de todo, ¿por qué debía ser una princesa?, se preguntaba.

—Crees que es por mi culpa como siempre, ¿verdad, Victoria?, —le preguntó Vicky, esa vocecita que procedía de lo más hondo de su ser.

—¡Sí! Ya te he dicho miles de veces que íbamos a tener problemas como siguieras cantando, bailando, llorando y poniendo mala cara. ¡Es que no me escuchas!

—Te odio cuando hablas igual que el rey, —le contestó Vicky.

—Lo siento, pero ya no sé qué debo hacer.

—Puedo cumplir el Código Real, de verdad. Te lo demostraré. —Vicky levantó la mano derecha, se aclaró la garganta y dijo con gran solemnidad—: «Prometo seguir fielmente el Código Real en todo momento para ser buena, no, incluso más que eso, para ser perfecta. ¡Lo juro y que me muera, un beso al lagarto si así fuera!»

—No va a dar resultado, —predijo Victoria.

—¡A-ha!, te lo he prometido, ¿no?

—Me lo has prometido ya cientos de veces.

—Pero nunca dije antes «lo juro».

—Ojalá el rey y la reina pudieran comprender que eres tú y no yo la causante de tantos problemas, —dijo suspirando Victoria.

—No puedo hacer nada si piensan que soy un producto de tu imaginación —le contestó muy sumisa Vicky—; de todas formas, no va a volver a ocurrir. Ya lo verás.

La princesita no tenía muchas ganas de cenar esa noche y no le apetecía bajar, pero sabía muy bien lo que ocurriría si no lo hacía y si aparecía con cara larga. Sin embargo, sonreír a los demás mientras por dentro se sentía tan desgraciada era la lección más difícil de aprender, pero esta vez estaba decidida a conseguirlo.

Se obligó a sí misma a practicar diferentes sonrisas delante del gran espejo de bronce. El rey le había dicho muchas veces que su sonrisa era una bendición para sus ojos, aunque ahora no lo pareciera. Por fin, frustrada tras varios intentos, se conformó con esbozar una débil sonrisa y bajar al comedor real.

Durante la cena, la princesita se dedicó a dar vueltas a la comida y a estar más callada que de costumbre.

—¿Le ocurre algo a tu cena?, —le preguntó el rey.

La princesita se movió algo nerviosa en su silla.

—Princesa, ¿me has oído?

—Sí, —dijo con dulzura.

—Sí, ¿qué?

—Que ya le he oído, —contestó con gran respeto.

—Bueno, ¿entonces?

—No le pasa nada malo a mi cena, papá, —respondió con indiferencia, moviendo el tenedor de un lado a otro del plato esparciendo los fideos.

—Al parecer hay un problema —dijo la reina—, y te pido que me digas de qué se trata.

La princesita levantó la vista del plato.

—No es nada, —respondió dejando aparte el tenedor y retorciendo la suave servilleta de lino en su regazo.

—Victoria, quiero que me des una explicación ahora mismo —le ordenó el rey—, y espero que no tenga nada que ver con ese perro sarnoso.

La princesita comenzó a ponerse nerviosa y a aclararse la garganta varias veces.

—No me atrevo a contároslo, —dijo por fin entre dientes.

El rey y la reina continuaron presionándola y, al fin, incapaz de aguantar su mirada inquisitiva por más tiempo, reconoció que su corazón estaba triste.

—Quiero que vuelva Timothy.

—Tu padre lo ha dejado muy claro...

—¡Por favor! —le dijo el rey a su mujer de forma brusca—, yo me encargo de esto.— Se levantó de la mesa algo tenso y comenzó a pasear de un lado a otro con las manos a la espalda.

—Por favor, papá —dijo la princesita sin poder contenerse—, Timothy no fue el culpable de que casi te cayeras. Siempre pierde el control cuando Vicky se pone nerviosa. Y cuando le gritaste por cantar...

—¡Otra vez Vicky! Tu madre y yo ya te hemos dicho que no puedes echar la culpa a ningún amigo imaginario de tu forma de ser!

—No es cierto —respondió Victoria con cierta timidez—, Vicky no es imaginaria, es real.

—Ya eres demasiado mayor para estas cosas —le dijo la reina—, ya es hora de que aprendas a distinguir entre lo que es real y lo que no. ¡La gente comenzará a murmurar!

Victoria dijo frunciendo el entrecejo:

—Me tiene sin cuidado lo que diga la gente. Vicky es real, habla, se ríe, llora y siente. Le encanta bailar, soñar, cantar y...

El rey estaba furioso:

—¡Vaya, así que *ella es* la que atrae a todos esos horribles pájaros con su desafinado canto, la que causa semejante espectáculo delante de los criados y *es* la única responsable de que el perro se pasee delante de mis pies y la que grita y protesta cuando las cosas no le agradan! ¿Eso es lo que quieres decirme?

—Pero... pero... no lo entendéis —dijo Victoria con un tono de voz muy débil—, siempre os enfadáis con ella y, en realidad, es un ser encantador. Es maravillosa, dulce, divertida, simpática y... es la mejor amiga que he tenido jamás. ¿No podríais tratar de...?

El rey reaccionó como era normal en él en tales situaciones, le dio una severa reprimenda mientras la señalaba con el dedo y la miraba con el rostro encendido de ira. Su enfado culminó cuando le gritó:

—¡Eres demasiado delicada, demasiado sensible, Victoria! Tienes miedo de tu propia sombra y eres muy soñadora. ¿Qué te ocurre?, ¿por qué no puedes ser como las demás princesas? —A continuación, y dando muestras de una gran frustración dijo—: ¿Qué he hecho yo para merecer esto?

La reina intentó calmarle, pero, como de costumbre, sólo consiguió empeorar la situación. Los dos comenzaron a discutir sobre la princesita como si ella no estuviera presente. Ésta, que sólo deseaba poder desaparecer, bajó la cabeza y miró fijamente al mantel que tenía delante para evitar, así, sus miradas. No podía soportar verse reflejada en sus ojos ya que sólo servían para recordarle que todo lo hacía mal. Enseguida, sus heladas miradas y sus enojadas voces volvieron a mortificarla:

—¡Míranos cuando te estamos hablando, Victoria!, —le ordenó el rey.

La princesita alzó sus grandes ojos llenos de miedo, incapaz casi de oír sus palabras pues Vicky gritaba con todas sus fuerzas para acallar sus voces.

Transcurridos unos angustiosos minutos, la reina dijo:

—¡Mira lo que has conseguido, Victoria! Has vuelto a decepcionar a tu padre. Las princesas deben de ser fuertes, es más, son modelos de perfección en la Corte. Estoy segura de que ya lo sabes y también de que hay una forma correcta e incorrecta de ser, de actuar y de sentir. Pues bien, ¡vas a saber cuál es la diferencia, jovencita, de una vez por todas! Vete a tu habitación ahora mismo, quédate allí y, por amor de Dios, ¡borra esa expresión de tu cara!

Por un lado, Victoria estaba abatida por todo lo que había pasado y, por otro, los gritos de Vicky le producían un terrible dolor de cabeza. A decir verdad, en eso se había *convertido* Vicky: en un tremendo dolor de cabeza. Vicky seguía hablando sin parar mientras la princesita subía la escalera de caracol del palacio. «Si las princesas son todas como ellos dicen, es muy probable que nosotras no seamos unas princesas reales. Apuesto a que la cigüeña les trajo un bebé equivocado.» «¡Eso es, ya lo sé Victoria... Victoria! —repitió Vicky elevando cada vez más la voz—, ¿me estás escuchando?»

—¡Tú —gritó Victoria en tono acusador cuando entraron en la habitación—, *tú* eres la débil y la que tiene miedo de todo. La única que siente lo que no debe y la que sueña cosas que, posiblemente, no van a ocurrir. ¡Incluso me haces decir lo que no debo! *Tú eres* la única a la que no le importa el Código Real y *soy yo* la que siempre tiene problemas.

—Yo soy así —le contestó Vicky en un tono de voz tan bajo que Victoria tuvo que hacer un gran esfuerzo por oírla—, y no debo de ser bastante buena, así que nunca te llevarás bien con ellos mientras siga a tu lado. Lo mejor que puedo hacer es marcharme y no volver jamás.

—¿Qué voy a hacer? —protestó Victoria—, tienes que mantenerte alejada del rey y de la reina. Tal vez si te escondieras debajo de la cama desde ahora mismo...

—¿Ah, igual que Timothy, igual que un perro? Me niego a esconderme ahí debajo. Es *su* lugar secreto y quiero que *él* se quede ahí, como siempre.

—No puedo hacer nada para que vuelva, pero sí que *puedo* hacer algo por *ti* —le contestó Victoria—, tengo que esconderte en algún sitio, y debajo de la cama es el único lugar que se me ocurre.

Vicky aceptó, aunque no estaba muy entusiasmada con la idea. Sin embargo, una vez a salvo debajo de la cama siguió hablando de lo injusto que era el Código Real, del odio y del mezquino comportamiento del rey y de la reina, de la soledad que sentía debajo de la cama todo el día, de que no era la persona más apropiada para ser la mejor amiga de nadie y de que seguía queriendo marcharse para no regresar jamás.

Esa misma noche, sintiéndose demasiado cansada para tomar su burbujeante baño de espuma y para escuchar cualquier cuento de hadas, Victoria rechazó la compañía de la sirvienta y de la reina y se metió en la cama, mientras Vicky no dejaba de hablar.

Incapaz de poder dormir, le pidió que se callara. Pero, en lugar de eso, guiada por su impulsividad salió a gatas de su escondite y saltó a la cama de Victoria, hundió su cara entre las almohadas y empezó a llorar. Las lágrimas mojaron la sedosa colcha y llegaron hasta el suelo.

—¡Basta ya —insistía Victoria por lo bajo—, no puedo soportarlo más. Vas a mojarlo todo. Además, te van a oír. ¿Qué te pasa?, ya sabes que existe una forma correcta e incorrecta de ser, de actuar y de sentir y ¡vas a saber cuál es la diferencia, jovencita, de una vez por todas!

—¿Qué vas a hacer?, —le preguntó Vicky con voz llorosa.

—Lo que debía haber hecho hace mucho tiempo. ¡Voy a esconderte en un sitio del que no puedas salir de forma inesperada ni causarme ya más problemas!

—¡Pensaba que eras mi amiga pero ya veo que no es así! —le contestó gritando—; eres tan mezquina como el rey y la reina.

—No me eches *a mí* la culpa. ¡Todo esto es por *tu* culpa! Te dije que te mantuvieras alejada de ellos —le contestó Victoria, levantándose de la cama al instante, al tiempo que resbalaba con sus pies descalzos en el suelo mojado por las lágrimas y encendía la lámpara de la mesilla—, ¡entra ahí ahora mismo! —le ordenó, señalando uno de los armarios roperos al otro lado de la habitación—, y no quiero oírte gritar ni quejarte.

Así pues, sacó a Vicky de la cama, que gritaba sin parar, la arrastró por el suelo, la metió a empujones en el guardarropa y cerró la puerta de golpe. Luego, con el mismo tono de voz empleado muchas veces por la reina, le dijo: «Estoy haciendo esto por tu propio bien, Vicky». A continuación, colocó la llave dorada en la cerradura y la cerró con firmeza.

—¡No la cierres! Te prometo que no saldré, Victoria. Lo juro y...

—Tus promesas no significan nada —Victoria tiró la llave dentro de su ajuar de novia, de madera blanca, con ramos de rosas tallados a mano que decoraban las esquinas—. Te conozco, empezarás a hablar, a gimotear y a abrir la puerta del armario para contarme esto o aquello cada vez que te apetezca y...

—No puedes esconderme —le gritó Vicky a través de la puerta—, formamos una pareja. Prometimos ser las mejores amigas pasara lo que pasara, ¿te acuerdas?

—Eso fue antes de que te convirtieras en mi peor enemiga, —le contestó Victoria.

—¡Victoria, por favor, por favor, déjame salir de aquí! —le suplicó Vicky, dando golpes desesperados en la puerta—, te necesito. Se supone que siempre vamos a estar juntas. ¡No me dejes sola!, tengo mucho miedo, Victoria. Seré buena y haré todo lo que me pidas pero, por favor, ¡déjame salir!

Victoria volvió a sentarse en su gran cama de dosel y ya sola, débil y agotada, se tapó los oídos con los enormes almohadones para no oír los sollozos de Vicky que traspasaban la puerta del armario. Por fin, éstos se convirtieron en gemidos y, más tarde, en silencio. Victoria levantó una punta de su edredón de plumas y lo acercó a su pecho para sentir su suavidad. A continuación, exhausta, se sumió en su particular mundo de los sueños en donde no hay lugar para la tristeza.

A la mañana siguiente, antes de que la princesita se levantara, el rey apareció por la puerta de su habitación con una rosa roja, una tímida sonrisa y una caja llena de figuras geométricas de madera de distintos colores, cortadas con gran esmero por el fabricante de juguetes del reino.

—Buenos días, princesa —le dijo, entrando radiante en su habitación y sentándose a su lado en la cama—, me parece que hoy vamos a comenzar un poco más tarde a construir nuestra casita de muñecas.

—¿La casa de muñecas?... ¡Oh!, hoy es domingo —le contestó tan cansada que apenas podía incorporarse—, hoy no me apetece, papá.

—Vamos, princesa. Aquí nunca desaprovechamos un domingo, ¿verdad? —le respondió colocándole la rosa delante de sus ojos—, pensé que tal vez devolverían la encantadora sonrisa a esos labios sonrosados.

La princesita miró primero la rosa y luego al rey, en cuya cara se esbozaba una sonrisa y un gesto de súplica. Como en muchas otras ocasiones, seguía sin saber lo que debía pensar, hacer o sentir.

El rey la cogió y la sentó en su regazo. La rodeó con sus brazos, envolviéndola con las amplias mangas de su bata de suave terciopelo.

—¡Oh, mi querida hija! Eres realmente hermosa, —le dijo. La princesita sintió cómo el pecho del rey se henchía de orgullo mientras la abrazaba.

—Te quiero, papá, —le dijo la princesita.

El rey bajó la vista y contempló el hermoso regalo de cabellos dorados que sostenían sus brazos y le respondió:

—Yo también te quiero, princesa. —Victoria sabía muy bien a lo que se refería el rey.

Siguiendo con su ritual de cada semana, la princesita y el rey construyeron una casa de muñecas. Una vez terminada, la princesa entró a gatas y se sentó con las piernas cruzadas mientras el rey se tumbaba en el suelo boca abajo, metiendo con gran dificultad la cabeza y los hombros por la entrada a la que ellos llamaban puerta principal. Tomaron chocolate caliente servido por el cocinero del palacio en unas tazas iguales.

El rey se llevaba la taza a la boca mientras se apoyaba con los codos, lo cual no le resultaba nada fácil. De vez en cuando, alguna gota de chocolate le corría por los brazos y llegaba hasta las mangas de su bata real, aunque no lo mencionaba.

Todo estaba yendo tan bien que Victoria decidió hacer las paces, de una vez por todas, con el tema de Vicky. Pero fue un auténtico desastre, pues en el mismo momento en el que mencionó su nombre, el rey se levantó enfadado, derribando de paso la casa de muñecas.

—Vicky no *existe*, ¿me oyes? —le dijo gritando—, ¡me rindo!, ¡eres imposible!

La princesita se cubrió la cabeza con los brazos mientras las pequeñas y coloreadas piezas geométricas caían a su alrededor.

—Lo siento, papá, —consiguió decir con voz temblorosa.

Pero el rey salió muy enojado de la habitación, dejando a la princesa sentada en el suelo al lado de un montón de escombros y completamente aturdida.

CAPÍTULO

3

Más allá de los jardines de Palacio

«**TODO** es distinto desde que Vicky se ha ido», pensaba Victoria mirando a través de la ventana de su habitación un día por la tarde. Sus ojos se detuvieron ante un árbol delgado y solitario que se divisaba en lo alto de una pequeña colina más allá de los jardines de palacio. Nunca le había prestado mucha atención hasta entonces, pero ese día le dio la impresión de que el árbol se sentía triste y solo ahí fuera. Dejó escapar una lágrima esporádica que recorrió lentamente su mejilla. Pensaba que era muy triste sentirse tan solo y, a la vez, no poder contárselo a nadie también suponía una tremenda soledad. Mientras recordaba que no debía sentirse de ninguna de las dos formas, ni sola ni triste, comenzó a dolerle la cabeza.

Las cosas no le habían ido tan bien como pensaba desde que encerró a Vicky, pues aunque cumplir el Código Real sin la presencia de Vicky era mucho más fácil, ser perfecta en todo seguía siendo una ardua tarea.

23

Por alguna razón, no podía apartar los ojos del árbol y, como se sentía tan triste y tan sola, decidió bajar las escaleras e ir a pasear por los jardines cuya belleza antaño tanto le había alegrado. Cuando llegó a la cima de la pequeña colina más allá de los jardines, se sentó en el duro suelo debajo del árbol solitario y se apoyó en su tronco, sosteniendo entre las manos su pesada cabeza.

—Nunca jamás seré lo bastante buena... da igual por mucho que me esfuerce, —dijo suspirando Victoria.

—Bastante buena, ¿para qué?, —le preguntó una voz.

La princesita se incorporó al instante y comenzó a mirar en todas las direcciones.

—¿Quién ha dicho eso?, —preguntó.

—¿Quién?, ¿quién?, yo lo digo,— respondió la voz.

Parecía como si la voz viniera del árbol.

—¿Quién eres?, —preguntó la princesita.

—¿Quién eres? —repitió la voz—, *esa* es la cuestión.

—Está bien, te lo voy a decir yo primero —dijo Victoria levantándose muy despacio para que su dolor de cabeza no fuera mayor, y haciendo su mejor reverencia prosiguió—: soy la princesa Victoria, hija del rey y de la reina de esta Corte. Vivo en el palacio al otro lado de los jardines, soy la número uno de mi clase en la Real Academia de Excelencia. Intento por todos los medios seguir siempre las normas del «Código Real de Sentimientos y Conducta de Princesas». Se me da mejor plantar rosas que jugar al *softball* y antes tenía un perro que se llamaba Timothy Vandenberg Tercero. Sufro en ocasiones terribles dolores de cabeza... como el que tengo ahora mismo.

—Es muy interesante, princesa, pero aún no me has dicho quién eres.

(*) Cierta modalidad de béisbol sobre un terreno más pequeño que el normal, con pelota grande y blanda. *(N. del T.)*

—¡Esto es demasiado! ¡Claro que sé quién soy!, —contestó Victoria muy indignada.

—Todo el mundo *debe* saber quién es, pero pocos se conocen en realidad.

—Me estás confundiendo.

—Saber que se está confundido es el primer paso para dejar de estarlo.

—¿Estoy discutiendo con un árbol? —se preguntó a sí misma—; tal vez mi madre y mi padre tengan razón y *no sea capaz* de distinguir lo que es real de lo que no.

Levantó la vista hacia las ramas que colgaban a su alrededor.

—Por favor, dime que estás hablando conmigo Señor árbol —le suplicó Victoria—, porque es así, ¿no?

—La respuesta a esta pregunta es sí... y no, —le respondió la voz.

—Pero, ¡*sí* que hablas, Señor árbol, ya lo creo!

—Las cosas no son siempre lo que parecen, princesa.

En ese momento un búho fue a posarse en el suelo siguiendo el caprichoso vuelo de una pluma ligera. Batió sus alas de forma rápida, enderezó el estetoscopio que asomaba por encima de su cuello y depositó a sus pies una bolsa negra con sumo cuidado.

—Permítame presentarme —le dijo con gran solemnidad—: soy Henry Herbert Hoot, D.C. * pero mis amigos me llaman Doc.

—¡Oh no!, primero un árbol parlante y ahora un búho que habla también y que se llama Henry Herbert Hoot... ahora sí que me creo que soy *incapaz* de distinguir lo que es real de lo que no.

—De ninguna manera, pues soy tan real como un cuen-

(*) Las iniciales D.C. en el original D.H. responden a los vocablos ingleses «Doctor of Heart» («Doctor del corazón»). *(N. del T.)*

to de hadas para una princesa... y ahora que caigo, esto me recuerda una canción —dijo con gran placer—, aunque hay muchas cosas que me traen a la memoria viejas canciones.

Dicho esto, buscó dentro de su bolsa negra y sacó un sombrero de paja que se puso en la cabeza y un banjo muy pequeño. A continuación, comenzó a tocar y a cantar:

«*Tan real es un cuento de hadas para una princesa*
Tan real como el poder para un rey...»

—Para, por favor —protestó Victoria, llevándose las manos a la cabeza—; lo siento pero me duele tanto que no me apetece escuchar tu canción en estos momentos.

—Tal vez no te dolería si escucharas tu propia música más a menudo, —le sugirió el búho.

—No tengo ganas de oírte cantar, eso es todo.

—Me estaba refiriendo a la música de tu corazón.

—No sé qué es eso. De todas formas, ¿qué puede saber un búho sobre el corazón?

—En realidad, muchísimo —le contestó—; como se explica en mi título, D. C., soy un doctor del corazón, especializado en corazones rotos.

Victoria se dejó caer hacía adelante e inclinó la cabeza. Por fin, preguntó con un tono de voz muy dulce:

—¿Cómo se siente el que tiene un corazón roto?

—Viendo la tristeza en tus ojos sospecho que ya conoces la respuesta, —le contestó Doc, quitándose el sombrero y metiéndolo en la bolsa negra junto con el banjo.

—Me temo que mi corazón *está* roto, —le dijo emocionada la princesita con la mirada baja.

—Tu propio diagnóstico es correcto.

—¿Puedes arreglarlo?, me refiero a mi corazón.

—En realidad no, pero sí que *puedo* ayudar*te* a que tú misma lo compongas. Ahora bien, más difícil será hacer desaparecer la tristeza de tus ojos, princesa.

—Pero, ¿a qué te refieres?

—A curarte

—Bueno, entonces, ¿puedes curar mi corazón?

—Me temo que no, princesa. Sólo *tú* puedes hacerlo.

—¿Qué clase de médico eres si soy yo la que tengo que curar mi propio corazón? —Victoria frunció el entrecejo.

—Igual que los demás. Podemos arreglar muchas cosas y ayudar a sanar otras... pero nosotros no podemos curaros.

—No lo entiendo.

—Hay muchas cosas que todavía no entiendes, pero lo harás algún día. Bueno —dijo Doc cambiando de tema—, ¿te sientes mejor sabiendo que era yo el que hablaba contigo y no el árbol?

—Claro que no —le contestó Victoria con las manos apoyadas en la cadera —; si no puedo entender la existencia de un árbol parlante, menos aún la de un búho médico que habla y que canta.

—Algunas cosas no necesitan explicación. Sólo se tienen que experimentar.

—Intenta explicárselo a mi madre cuando algún guardia de palacio me vea aquí fuera hablando con nadie... ¡Oh, lo, lo siento! —tartamudeó—, no quise decir nadie, de verdad. Aunque, bueno, así es de todas formas —aclaró observando cómo el sol desaparecía en el horizonte —. Tengo que irme ya. ¿Cuándo puedo volver a verte?

—Siempre que tu espíritu te guíe, —le contestó el búho.

—¿Un espíritu que me guíe?, ¿qué significa?

—Por ahora, lo importante es que sepas que puedes volver siempre que lo desees.

—Dices unas cosas muy divertidas, —le contestó la princesita, moviendo la cabeza y comprobando que ya no le dolía. Luego, comenzó a bajar la colina para dirigirse a palacio mientras se despedía y decía adiós con la mano.

Conforme se iba acercando a la puerta principal de palacio, la princesita vio a la reina asomada a uno de los miradores. Al llegar a la puerta, su madre la mantenía abierta.

—Es casi de noche. ¿Dónde has estado, Victoria?

—En ese árbol, —le dijo entre dientes.

—¿Haciendo qué?

Por desgracia, el Código Real prohibía terminantemente todo tipo de mentiras, por insignificantes que fueran. Victoria no tenía más alternativa que responder la verdad.

—Hablando, —le contestó indecisa.

—¿Con quién?, —le preguntó la reina.

—Con el árbol, —le respondió sabiendo lo que iba a ocurrir después.

—Supongo que lo que me vas a decir ahora es que el árbol te respondía. —La princesita sintió un frío estremecedor por todo su cuerpo al oír el tono de voz de la reina.

—Al principio pensé que el que hablaba era el árbol, pero en realidad era un búho.

—¡De verdad, Victoria!, esto tiene que terminar. No puedes seguir contando estas historias tan extravagantes. Ya es hora de que dejes de estar en las nubes.

Victoria no estaba segura de lo que significaba «estar en las nubes» pero pensó que debía ser algo maravilloso.

—Puedo demostrarte que el búho habla, —le dijo en un tono sumiso.

—No quiero oír ni una palabra más sobre el tema, Victoria. Y por lo que se refiere a ese árbol o búho, o lo que sea... te prohibo que vuelvas allí y con esto hemos terminado de hablar. —Acto seguido, la reina se dio media vuelta y se marchó al instante.

—¿Por qué nunca me cree? —se preguntaba Victoria en voz baja—, *sé* que el búho habla pues le he oído.

Pero esa noche comenzó a pensar que tal vez la reina tenía

razón. Después de todo, ¿quién había oído hablar de los búhos parlantes? Además, la reina siempre parecía tener razón en todo.

Cada vez que la princesa cumplía un año más, pedía que el siguiente fuera mejor. Había magníficos bailes, exquisitas fiestas campestres y tardes de gran diversión amenizadas con los partidos de polo en la Corte. Sin embargo, parecía como si siempre faltase algo. A menudo, la princesa contemplaba melancólica desde la ventana de su habitación cómo revoloteaban los pájaros de árbol en árbol, cómo cantaban y disfrutaban de su libertad. Se imaginaba que era uno de ellos y que, aún estando entre amigos, no se sentía ni rara ni sola.

Al invierno le siguió la primavera y el verano dio paso al otoño. En este tiempo, Victoria se fue convirtiendo en una joven encantadora, elegante, educada, es decir, en todo lo que debía ser una princesa.

Se graduó con honores en la Real Academia de Excelencia, pero tal vez su mayor triunfo consistió en llegar a ser perfecta hablando, actuando, pensando y sintiendo como mandaba el Código Real.

La noche de su graduación, el rey y la reina ofrecieron una gran fiesta en el salón de baile de palacio amenizada con la refinada música del laúd y los divertidos juglares de la Corte. El rey, muy orgulloso, presentó a su hija con gran emoción ante un gran número de selectos invitados.

—En esta ocasión tan especial —comenzó—, te ofrezco con gran orgullo el Mapa de la familia real; un tesoro de incalculable valor que ha guiado las vidas reales de nuestros antepasados hasta donde alcanza nuestro linaje. En la noble tradición de la familia real de este reino, seguirás el camino trazado en él.

El rey le entregó a la princesa el pergamino gris enrollado con una cinta plateada y precintado con el sello real. Sus bor-

29

des deshilachados daban muestra del uso fiel que había recibido a lo largo de muchas generaciones de familias reales.

A continuación, alzó su vaso de cerveza y pronunció en voz alta: «¡Viva el legado real!»

—¡Viva, viva! —respondió el coro de invitados, levantando sus copas para brindar por la princesa—. ¡Viva el legado real!, ¡viva la princesa!, ¡viva la reina!

Tras haberse marchado el último de los invitados, Victoria regresó a su habitación, y se metió en la cama preguntándose cuál sería el sitio más seguro para guardar el Mapa de la familia real. Aunque no dudaba de su autenticidad ni de su valor, creía que no lo iba a necesitar jamás ya que sabía perfectamente a dónde quería ir; primero a la Universidad Imperial para recibir la educación adecuada como corresponde a una princesa y obtener el título de MRS*, y luego a su propio palacio donde viviría feliz para siempre con su príncipe azul.

Escondió el Mapa en la cómoda donde guardaba su ajuar, y caminó hasta su mesilla, atraída por el dulce aroma de las rosas que había cogido para ella esa miama mañana el jardinero de palacio.

Siguió sin apartar los ojos de los aterciopelados pétalos rojos, suspiró igual que las refinadas señoritas y se imaginó un apasionado rescate de las garras del Código Real, del dedo enérgico y amenazante del rey y de la mirada inquisidora de la reina. Un día encontraría el amor verdadero y todo volvería a tener sentido en su mundo.

Extendió la mano e hizo girar la llave de su cajita de música y la canción *«Algún día llegará mi príncipe»* comenzó a sonar. Acarició una flor con la mano, la separó de las demás y se la llevó hasta la mejilla. «Ojalá sea de prisa», pensó.

(*) MRS responde a los vocablos ingleses «Master of Science» pero dado el carácter alegórico del libro, se refiere a «Member of Royal Society». *(N. del T.)*

El príncipe azul llega al rescate

UNA soleada mañana de primavera, la princesa estaba sentada leyendo un libro en la biblioteca de la Universidad Imperial memorizando la constelación de la Osa Menor cuando la interrumpió una voz dulce y melodiosa:

—He venido a rescatarte de las garras del *Análisis completo del firmamento* del eminente profesor Dull.*

—¿*Rescate*?, ¿alguien ha dicho *rescate*?, —se preguntó Victoria levantando la vista para encontrarse con los ojos más azules que jamás había visto, protegidos por unas pestañas tan negras y tan largas que bien podrían suscitar la envidia de cualquier mujer.

—Disculpa, ¿me estabas diciendo algo?

—Sí, princesa —contestó el apuesto joven con una cortés reverencia—, así es.

(*) Dull significa tedio o aburrimiento. El profesor Tedio. *(N. del T.)*

—¿Cómo sabes que soy una princesa?

—Porque un príncipe siempre lo sabe. Además, recordando mis días de estudiante y lo que sentía al tener que soportar las explicaciones del profesor Dull sobre por qué la Tierra daba vueltas, pensé que te gustaría oír mi propia explicación, —le contestó con un brillo en sus ojos tan intenso que su corazón comenzó a latir con más rapidez y sintió cómo sus piernas flaqueaban.

—Y, ¿cuál es tu explicación?, —le preguntó la princesa con cierta coquetería.

—El amor; sólo él hace que la Tierra dé vueltas, —respondió mostrando una cálida sonrisa capaz de fundir una avalancha de nieve antes de que pudiera tocar el suelo.

¡Tal vez este ejemplar idílico de masculinidad con un pecho y unos hombros tan grandes y con esa espléndida mata de pelo negro era la persona que siempre había estado esperando para compartir el resto de su vida? Parecía cumplir todos sus requisitos: era príncipe, había demostrado coraje al acercarse a ella, era encantador, muy apuesto y, aunque ser rescatada de morir de aburrimiento no era precisamente lo que se había imaginado, era un rescate al fin y al cabo.

—Estoy de acuerdo —contestó la princesa intentando ocultar su entusiasmo—, el amor *hace* posible que la Tierra gire, aunque en estos momentos parece que mi mundo se mueve alrededor del Hoyo Menor... quiero decir Osa, —rectificó al instante, intentando apartar la vista de los hoyuelos que asomaban tras su sonrisa y que, a su vez, había sido la responsable de ese lapsus lingüístico.

—Estoy a tu disposición, princesa, —le dijo el príncipe, sentándose en una silla al lado de ella.

Pronto la princesa aprendió muchas más cosas sobre las estrellas del firmamento y vio en sus ojos más de las que nunca hubiera imaginado.

De regreso a su casa, Victoria tenía la sensación de que algo mágico había sucedido. Cada vez que recordaba las palabras y las miradas que ella y el príncipe habían intercambiado, una gran excitación recorría todo su cuerpo y apenas podía contenerla.

De repente se vio abrumada pensando en Vicky, la pobre y olvidada Vicky. Deseaba poder contarle a su primera y mejor amiga su encuentro con el príncipe, y ya se veía compartiendo las risas, los abrazos, los bailes y las canciones con ella igual que hacían antes cuando les sucedía algo maravilloso. Pero, ¿se atrevería a dejar salir a Vicky del armario? Surgieron un sinfín de preguntas; ¿cuál sería el aspecto de Vicky después de tantos años?, ¿qué ocurriría con el rey y la reina?, ¿qué pasaría con esto y con aquéllo?

Haciendo uso de su técnica habitual en tales situaciones, Victoria comenzó a elaborar en su mente una lista con los pros y los contras, de tal forma que al llegar a su habitación y dejar los libros en la mesa, ya lo había decidido: debía ocurrir otro gran acontecimiento ese día.

Abrió su ajuar y se puso a rebuscar por entre los finos linos y las prendas de encaje, teniendo cuidado de no romper el Mapa de la familia real colocado en la parte superior. Buscó a fondo y en seguida sus dedos tropezaron con la llave dorada que mantenía a Vicky encerrada.

Se dirigió al armario con gran sigilo y escuchó a través de la puerta:

—¡Hola Vicky!, soy yo, Victoria.

Dio un pequeño golpecito en la puerta:

—Vicky, voy a abrir la puerta. Tengo algo maravilloso que contarte... Vicky, respóndeme.

Colocó la llave en la cerradura, la hizo girar y entreabrió la puerta. Sólo percibió una gran oscuridad y un silencio absoluto.

—Vicky, ¿dónde estás?, —le preguntó abriendo completamente la puerta.

Allí estaba la pequeña Vicky, agachada en el suelo protegiéndose la cabeza con los brazos.

—¿Estás bien?. No temas, soy yo, Victoria.

—Vete de aquí y déjame sola, —le contestó gritando al tiempo que se alejaba al extremo final del armario.

—¿Qué te pasa, Vicky?. He venido para dejarte salir, —le dijo Victoria dando un paso hacia dentro.

—No, fuera de aquí. ¡No quiero salir!

—¿Qué quieres decir con que no quieres salir? No puedes quedarte ahí para siempre.

—Sí, sí que puedo y quiero, ya me he acostumbrado. ¡Vete!

—Tengo muchas cosas que contarte. Por favor, no tengas miedo, no te voy a hacer daño.

—Ya me lo hiciste una vez. Bueno, muchas veces.

—No pretendía hacerlo y lo siento de verdad. De todas formas, ahora todo es distinto y no volverá a suceder.

—No te creo, —dijo Vicky lloriqueando.

—Te lo aseguro, Vicky, te lo prometo. Es más, ¡lo juro y que me muera, beso al lagarto si así fuera!... ¿te acuerdas?

—Sigo sin creerte y no voy a salir —le contestó lanzándole una mirada furtiva—, pero supongo que puedes quedarte aquí unos minutos si quieres.

—Esto es ridículo, ¡venga! Vamos a sentarnos en la cama como antes y...

—No, no quiero.

Victoria se arrodilló al lado de Vicky y rodeó con sus brazos a la niña que tenía ante ella, con el fin de consolarla. Al principio permanecieron agachadas en silencio, pero luego comenzaron a hablar, a recordar y a llorar. Por fin, Victoria fue capaz de hacer salir a su amiguita del armario.

Se sentaron sobre la gran cama de dosel y siguieron hablando, recordando y llorando, empapando los almohadones de plumas y dejando caer las lágrimas al suelo, igual que había hecho Vicky muchos años antes. Ya estaba amaneciendo y se sentían cada vez más dichosas de volver a estar juntas y de haber encontrado a su anhelado príncipe.

A la mañana siguiente y a petición de Vicky, Victoria le volvió a contar su encuentro con el príncipe mientras elegían con sumo cuidado el vestido más adecuado de entre todos los del armario.

—Parece realmente encantador y quiero conocerlo —dijo Vicky—, pero... ¿qué pasará si no le gusto?, ¿y si me odia igual que el rey y la reina? Volveré a ser un estorbo para ti, me encerrarás otra vez y...

—Ya se nos ocurrirá algo, Vicky, pero no precisamente hoy. Es todavía muy pronto para precipitarnos, ¿no te parece?

Victoria y el príncipe volvieron a quedar, como habían acordado, debajo del gran roble enfrente de la clase del profesor Dull. Los años que había pasado practicando su coqueto movimiento de pestañas y sus dulces suspiros habían sido bien aprovechados, pues Victoria desempeñaba su papel de una forma admirable.

Conocer al príncipe significaba amarle, y Victoria no era la única que lo pensaba ya que todo el mundo que lo conocía tenía la misma opinión. De hecho, las alumnas de primer curso lo llamaban cariñosamente «el príncipe azul». Nunca se había relacionado la princesa con nadie que se mereciera esta reputación mejor que él, no en vano muchas damas habían intentado ganarse el favor del príncipe pero éste sólo sentía amor por Victoria, por su gentil donaire y por su frágil constitución. También admiraba en ella su ingenio, y le encantaba sentirse retado por su inteligencia. Cuando estaba a su lado, la princesa se sentía hermosa, especial, segura de sí misma y protegida.

35

Un día, Victoria invitó al príncipe a palacio para que conociera al rey y a la reina quienes, a su vez, estaban encantados de que su hija hubiera encontrado al compañero más adecuado para el resto de su vida. Les alegró todavía más el hecho de que estuviera estudiando para obtener su doctorado en Relaciones Diplomáticas entre reinos. Sus brillantes ojos y su cálida sonrisa inundaron el palacio; les contó chistes más divertidos que los del juglar de la corte y todo el personal del palacio lo encontró simpatiquísimo.

Durante los meses siguientes, Victoria permitió que el príncipe llegara a conocer a Vicky. Al principio fue espantoso pues no se podía imaginar cuál sería su reacción, pero después de todo, los miedos de Victoria y de Vicky resultaron infundados. Cuanto más hablaba con ella, más le gustaba y más fascinación sentía por la delicadeza que mostraba con los demás y con todas las cosas que le rodeaban. Compartía sus sueños e incluso disfrutaba con su canto.

El príncipe y la princesa jugaban, reían, hablaban y se amaban sin desatender, por ello, sus estudios. Siempre que estaban separados los días parecían interminables, pero una vez juntos los días eran demasiado cortos. Una tarde, a primeros de junio, la princesa se graduó y el príncipe ganó su corazón para siempre ya que ella aceptó convertirse en su esposa.

Unos días antes de la boda, la princesa comenzó a preparar su equipaje con gran entusiasmo y, por supuesto, se quiso llevar su ajuar al nuevo palacio que pronto compartiría con su príncipe. Fue una decisión rápida, no en vano la cómoda estaba destinada para este feliz acontecimiento.

Se puso a examinar con detenimiento las prendas colgadas en el armario con el fin de determinar qué era lo que se iba a llevar y lo que iba a dar a los más necesitados.

Asimismo, mientras ordenaba los cajones sentada en su tocador, se acordó del Código Real colgado en la pared delante de ella y pensó que no necesitaba llevárselo pues ya se *había convertido* en una perfecta princesa, tal como en él se decía.

—*Yo* no, —dijo Vicky, rebosante de alegría.

—No, ¿*qué*?

—Que yo no soy como dice el Código Real... como tú. Pero, de todas formas, no importa porque el príncipe me quiere tal y como soy.

—Sí, lo cual es un gran alivio. Pero recuerda, Vicky, necesitas seguir trabajando en ello... por si acaso.

Tras haber envuelto uno a uno sus frascos de perfume en papel de seda, la princesa cogió la cajita de música con la elegante pareja en la parte superior e hizo girar la llave. En ese momento, los primeros acordes de «*Algún día llegará mi príncipe*» comenzaron a sonar y la princesa se miró en el gran espejo de bronce, que todavía permanecía en una esquina de su habitación y que le recordaba lo bonita que se había visto cada vez que se miraba en él hasta el punto de sentir, en muchas ocasiones, unas enormes ganas de bailar. Pero eso ocurrió hace muchos años. Poco tiempo después, el espejo comenzaría a devolverle la misma imagen que veía en los ojos de sus padres y, un buen día, decidiría no volver a mirarse en él nunca más.

Caminó hacia el espejo y se miró en él. Era tan bonita como la imagen que se reflejaba en los ojos de su adorado príncipe, así que comenzó a bailar al ritmo de la música, dando vueltas de un lado a otro con elegancia, inclinándose arriba y abajo, formando una espiral mientras se dejaba llevar por un sentimiento que procedía de lo más profundo de su ser. Vicky gritaba complacida; iban a cumplir su destino pues el rescate era inminente ya que su príncipe había aparecido y con él el eterno y verdadero amor.

❀ ❀ ❀

La boda fue magnífica y, tras una luna de miel de ensueño, la feliz pareja comenzó su nueva vida en un hermoso palacio a poca distancia, un corto recorrido en calesa, propiedad de los padres de la princesa. La tierra estaba repleta de árboles frutales y de guisantes rosas con olor a espliego. También había un gran jardín de rosas con un banco de piedra blanca en el centro, en donde el príncipe y la princesa se sentaban y renovaban sus votos de amor eterno.

Muy pronto el príncipe demostró ser no sólo apuesto y encantador sino también inteligente, fuerte y muy hábil. Se encargaba de todos los asuntos del palacio aunque, poco tiempo después, comenzó a estar tan ocupado que podían pasar varias semanas sin que encontrara tiempo para ello. Sin embargo, siempre lo tenía para traerle a la princesa rosas rojas de tallo largo recién cortadas del jardín, que ella colocaba en jarrones de cristal tallados a mano con los que decoraba todo el palacio.

El príncipe era su luz, su razón de ser. Ella le colmaba de atención y de cariño. Así, todas las mañanas, se levantaba temprano y se sentaba a su lado para compartir con él el desayuno a base de harina de avena caliente con canela y uvas pasas o de tortitas de manteca con dulce de moras y frambuesas recién cogidas. Luego, cuando creía que no le estaba mirando, escribía en secreto «te quiero» con tinta roja en una servilleta y la colocaba en la bolsa de la comida que el príncipe se llevaba todos los días. Con un beso, un cálido abrazo y un «que tengas un buen día, amor mío», le mandaba a trabajar a la Embajada Real.

La vida con el príncipe era tal y como la princesa había deseado e incluso mejor. Le encantaba ir de su brazo en los actos diplomáticos, en los que ella lucía sus vestidos más elegantes. Cuando se reunía con sus amigas, él siempre era el centro de la fiesta y todo el mundo se entusiasmaba con su famoso relato sobre «*Mi infancia en palacio*» e incluso, en muchas ocasiones, le pedían que lo volviera a contar.

—Siempre pensé que mis padres me querían —solía decir—, aunque estuvieran muy ocupados desempeñando sus funciones de rey y de reina. Y así fue hasta que un día llegué a casa del colegio y descubrí que se habían marchado.

En ese momento, se oía un coro de risitas disimuladas. Luego, en el momento más oportuno, añadía:

—¡Y ni siquiera me dejaron su dirección!

En ese momento toda la sala estallaba en un coro de risas que invitaba al príncipe a contar otro secreto de su infancia, más gracioso todavía. Era tan divertido que en privado la princesa comenzó a llamarle de forma burlona «Doctor Risitas».

Las damas de diferentes lugares, las demás princesas e incluso algunas duquesas le solían preguntar: «¿Es siempre así el príncipe?», o le decían cosas como: «En tu casa debe reinar siempre la alegría y la felicidad» o «¡Qué alegre es!, ¡cuánta suerte tienes de ser su esposa!»

Cuando la pareja real regresaba a casa, el encantador *Doctor Risitas* rodeaba a su esposa con sus brazos y la cubría de amor. «¡Oh mi querida princesa, eres realmente hermosa!», le decía a continuación mientras ella sentía cómo su pecho se henchía de orgullo al abrazarla.

Los domingos, el príncipe y la princesa solían cenar con el rey y la reina quienes, muy pronto, consideraron al príncipe como el hijo que nunca habían tenido. El príncipe hablaba de temas de estado con el rey, mientras la princesa y la reina supervisaban los preparativos para la cena. Los cuatro escuchaban juntos los conciertos de música e iban a los Juegos Olímpicos oficiales del reino en el Estadio de la nobleza. Asimismo, en ocasiones pasaban juntos las vacaciones en el Lago de la Relajación.

La princesa tenía muchas responsabilidades que cumplía con gran precisión y pulcritud, aunque seguía teniendo tiempo para inundar el palacio con sus canciones y sus risas y para planear nuevas e interesantes actividades, como asistir a clases de tiro con arco.

Sin embargo un domingo por la mañana, en su primera clase, descubrió que, aunque lo intentaba con todas sus fuerzas, era incapaz de tensar lo suficiente la cuerda del arco como para lanzar la flecha más allá de unos pocos metros. Vicky estaba avergonzada.

—No voy a volver nunca más a estas clases de tiro con arco, —anunció la princesa al príncipe en su calesa de regreso a casa.

—No lo has hecho tan mal para ser la primera vez, princesa —le contestó tocando divertido el bíceps de la princesa—, tal vez si sigues intentándolo consigas darles forma a estos brazos tan delicados.

El recuerdo de sus comienzos en el *softball* apareció de repente en su mente. «Solían llamarme *"La tercera salida"* —dijo, sintiéndose tan humillada como cuando estaba en el colegio—; creo que sería mejor que me dedicara a cosas que se me den bien.»

—Por suerte, eres muy hábil para muchas cosas más importantes que el *softball* o el tiro con arco, —le contestó el príncipe, levantando las cejas y sonriendo de forma maliciosa.

La princesa le sonrió también pero sin mucho entusiasmo e intentó no pensar en lo que le había ocurrido una vez, pero este primer recuerdo le trajo otro. «Y me llamaban *"la princesa tiquismiquis"* y *"la señorita perfecta"*», dijo bajando la cabeza.

El príncipe cogió la barbilla de la princesa y le hizo levantar la cabeza:

—Esos días ya han pasado. Te quiero tal y como eres.

La princesa sabía que era verdad, ya que podía verse reflejada en sus ojos y comprobar que seguía siendo hermosa.

Al llegar al palacio, la princesa se acurrucó en el sofá y comenzó a leer la sección de humor del *Kingdom Times*. Su padre, el rey, se la leía cuando era niña y desde entonces le gustaba.

El príncipe hojeaba la sección de espectáculos.

—Aquí hay algo que te iría muy bien, princesa —le dijo—, una compañía de teatro local está buscando una aspirante para el papel de *Cenicienta*. Veamos... para ser representada en los colegios reales y en los centros de la Tercera Edad de todo el reino.

—Mmm..., bueno, no sé.

—Creo que deberías ir, princesa. Para ti es coser y cantar, ¿cierto?, —le dijo esbozando esa cálida sonrisa tan familiar que ponía al descubierto sus hoyuelos.

—¿De verdad crees que si lo intento me darán el papel?

—Tu voz atrae a los pájaros de los árboles que se acercan para cantar al unísono contigo y, con toda seguridad, no hay otra más bella que tú. ¿Responde esto a tu pregunta?

—¿Por qué, mi querido *Doctor Risitas* —dijo la princesa moviendo sus pestañas de forma coqueta—, me da la impresión de que te estás confundiendo de cuento de hadas? Es *Blancanieves* y no *Cenicienta* la mujer más hermosa de todas.

—No, princesa. *Tú* eres la más bonita.

❊ ❊ ❊

La princesa fue a la prueba y consiguió el papel principal. La noche del estreno el salón de actos de su primer *alma mater**, la Real Academia de Excelencia, estaba abarrotado. El príncipe se sentó en la primera fila al lado del rey y de la reina.

Aunque Vicky estaba tan nerviosa que a la princesa no le dejaban de temblar las piernas, interpretó su papel a la perfección y fue ovacionada por un público emocionado puesto

---

(*) En original en el texto. *(N. del T.)*

en pie. En su última aparición para recibir una vez más los aplausos, el príncipe subió y le entregó el ramo de rosas rojas de tallo largo más hermoso de su vida.

Más tarde, entre bastidores, el crítico de arte del *Kingdom Times* le dijo a la princesa que cantaba como los propios ángeles y que debía considerar muy en serio la posibilidad de presentarse a una prueba para actuar en el Gran Teatro Real.

El rey y la reina no dejaban de agradecer los cumplidos, contestando con frases como: «Gracias, incluso de pequeña ya demostraba tener un gran talento para el canto y la danza» o bien «es muy inteligente y también muy ingeniosa» o «aprende en seguida. Ya sabes que yo también tenía mucho talento cuando era pequeño».

El productor estaba eufórico: «Desde el momento en que te vi en el escenario en el primer ensayo supe que tu actuación sería admirable», le dijo. Luego, le regaló un par de zapatillas de cristal en miniatura grabadas con sus iniciales.

Pero, esa noche, el momento más importante para la princesa fue cuando vio cómo brillaban los ojos del príncipe y supo que era por ella. En la oscuridad, de camino al carruaje cogidos de la mano, su destello era aún mayor. En ese momento, él apretó su mano con delicadeza; era su forma particular de decirle «te quiero». El mundo, para ella, era perfecto.

CAPÍTULO

5

El Doctor Risitas y el Señor Escondido

LA PRINCESA estaba absorta en sus pensamientos cuando el príncipe, descansando por un momento del trabajo que se había traído a casa desde la embajada, le preguntó qué era lo que pasaba por su linda cabecita.

—Sólo me estaba imaginando lo que sucedería si siguiera el consejo del crítico de arte y me presentara a una prueba para el Gran Teatro Real.

—Lo conseguirías sin lugar a dudas —le contestó el príncipe con ironía—, y luego te darían papeles cada vez más importantes hasta llegar a convertirte en una actriz famosa.

La princesa sonrió y dijo:

—Todavía no he ido a la prueba y ya me ves como una estrella.

—Sólo es cuestión de tiempo, ya estoy viendo —le dijo incorporándose en su silla y moviendo la mano de forma exagerada— tu nombre escrito en grandes carteles con letras gigantes. Una sala abarrotada de gente puesta en pie... ¡es un éxito fulminante!, —dijo elevando el tono de voz igual que los comentaristas deportivos cuando anuncian un *jonrón**.

Luego, de repente, se quedó callado y se puso a jugar con cierto nerviosismo con las esquinas de las hojas apiladas delante de él.

—Desde ese mismo momento —dijo por fin— estarás tan ocupada que no tendrás tiempo para mí y te relacionarás con esa gente del teatro con la que no tengo nada en común...

—*Esa* gente del teatro... muy gracioso *Doctor Risitas*, —le contestó la princesa intentando mitigar la repentina melancolía de su príncipe.

Éste se dejó caer hacia adelante y bajó el tono de su voz:

—Probablemente será el fin de nuestro matrimonio.

—¡Eso es ridículo! ¡No puedo creer que estés diciendo una cosa así!

—Te conozco, princesa. Sé que eres capaz de conseguirlo... ya verás cómo es así, créeme. Te amo demasiado para arriesgarme a perderte y no quiero que lo hagas. Olvídate de actuar en el Gran Teatro Real o en cualquier otro sitio... por favor. Si quieres hacer algo, tal vez sea éste un buen momento para que aumentemos la familia.

La princesa se quedó atónita y perpleja. Pero el príncipe era lo primero y decidió en ese mismo momento renunciar a la idea de volver a actuar en un escenario.

Sin embargo, Vicky no tenía intención de abandonar.

—Todo esto es estúpido —le dijo después de que el príncipe saliera de la habitación—, no le vas a hacer caso, ¿verdad?

—Sí, en efecto, —le contestó Victoria.

—Pero, ¡no puedes hacerlo! No es justo, ya sabes lo que me gusta cantar y bailar, y es muy posible que nos *hagamos* famosas.

_____

(*) Término empleado en el béisbol cuando se consigue una carrera completa. *(N. del T.)*

—¡Oh, Vicky! Ya has oído lo que ha dicho el príncipe, y tú misma prometiste dejar de soñar con cosas que puede que no ocurran.

—¡Pero *podría* suceder! Recuerdo que el rey dijo que nuestros cantos sólo servían para los pájaros y la reina que nuestros bailes era vergonzosos y, ahora, después de *Cenicienta*... ¡todo el mundo nos quiere!

—Ya lo sé, Vicky —le contestó Victoria con amabilidad—, pero el príncipe nos quiere mucho más y nosotras también le queremos. ¿No pretenderás hacer algo que le pueda hacer sentirse desgraciado o que nos haga perderlo, verdad?

—Bueno... supongo que eso sería todavía peor que no llegar a ser una estrella famosa, —murmuró Vicky, y ya no volvió a mencionar el tema.

Cuanto más pensaba Victoria en tener un niño, más le gustaba la idea. Así que el príncipe y la princesa lo intentaron con empeño y esperaron ansiosamente, pero tras varios meses comenzaron a desilusionarse.

En los inviernos siguientes hizo mucho frío y las epidemias de gripe aumentaron y se propagaron por todo el reino. La princesa estaba casi siempre enferma y el príncipe le llevaba caldo de pollo del dispensario de la embajada y se lo servía en la cama. Luego, se sentaba a su lado y le contaba las últimas noticias del *Kingdom Hill*.

Fue pasando el tiempo y el príncipe comenzó a quejarse de que su trabajo en la embajada era agobiante y de que sus compañeros diplomáticos eran tontos y aburridos. Decía que había veces en las que lamentaba haber nacido príncipe, y que le hubiera gustado más ser un simple herrero. En esos momentos, la princesa se preocupaba y se sentía decepcionada pues siempre había pensado que con todo el carisma y simpatía que tenía, su príncipe sería capaz de ascender a los puestos más altos del servicio diplomático.

Poco tiempo después, las quejas del príncipe fueron tan numerosas que le nombraron presidente del Comité Real de Quejas, algo que no entraba precisamente en los planes que la princesa tenía para él. Sin embargo, el príncipe pronto se cansó de esta nueva responsabilidad. A decir verdad, estaba cansado de tener *cualquier* responsabilidad y ni siquiera deseaba encargarse de los asuntos del palacio aunque se lo pidiera la princesa. Aún con todo, seguía tan encantador y amable como antes, e incluso mucho más divertido. Se pasaba horas enteras recitando su repertorio de chistes, sin olvidar su famosa *«Infancia en el palacio»*, a cualquiera que le escuchara consiguiendo cada vez mejores críticas. De hecho, el *Doctor Risitas* estaba en su mejor momento.

La princesa lo amaba en cuerpo y alma y se esforzaba en demostrárselo, pero el príncipe decía que no era suficiente y la acusaba de no amarle tanto como él a ella. Intentaba cualquier forma posible de probar su amor, incluida la aconsejada por la Real Clínica de Fertilidad, pero cuanto más amor le daba, más parecía necesitar el príncipe.

Una tarde, tras haber despedido antes al cocinero, la princesa comenzó a preparar una de sus cenas especiales: *fettuccine* con brécol y salsa de pistacho, ya que le encantaba encargarse ella misma de la cena, sobre todo cuando tenían algún invitado. Mientras la hacía, bailaba por toda la cocina y su canto se oía por todo el palacio:

> *Amo a mi príncipe*
> *Y él me ama a mí*
> *Seremos muy felices*
> *Cuando seamos tres.*

Los pájaros de los árboles entraron por las ventanas de la cocina revoloteando a su alrededor y cantando al unísono con ella. Todo iba bien hasta que el príncipe llegó a casa con su invitado antes de lo esperado.

—Victoria, ¿qué demonios está pasando aquí?, —le dijo gritando.

La princesa se quedó helada, arrugó la nariz, se encogió de hombros y le dedicó una tímida sonrisa.

—¡Ah!, estoy haciendo una de tus cenas favoritas, —le contestó sin gran entusiasmo, barriendo las migajas de pistacho junto a las patas de un tímido pájaro azul que había errado el vuelo en su descenso.

El príncipe le lanzó tal mirada que se le helaron hasta los huesos. Sin decir palabra, acompañó a su huésped fuera de la cocina y salieron por la puerta decorada con unas animadas cortinas blancas.

Aunque en ese mismo instante ahuyentó a los pájaros, se arregló el delantal, se ahuecó el pelo y se tranquilizó, el príncipe, a pesar de que sus *fettuccine* con brécol fueron todo un éxito, seguía bastante enfadado con ella tras haber despedido al dignatario.

—¡Esa actuación ha sido indecorosa y humillante, Victoria! Es completamente indigno de una princesa, ¡te has puesto en ridículo! ¿Nunca vas a crecer?

Vicky comenzó a protestar en voz alta:

—¡Oh, no!, primero el rey y la reina, luego tú, Victoria, y ahora el príncipe. Yo creía que me amabas.

La princesa bajó la cabeza para no tener que ver su reflejo en los ojos del príncipe.

Ya por la noche, el príncipe entró en la habitación en la que la afligida princesa se cepillaba el pelo como todas las noches antes de acostarse. Cogió una rosa roja del jarrón del tocador y poniendo una rodilla en el suelo se la entregó.

—Siento mucho, princesa, haberte dicho esas cosas tan terribles. Lo que pasa es que hoy he tenido un día horrible en la embajada, pero no pretendía desahogarme riñendo contigo. Por favor, acepta este pequeño regalo como prueba de mi amor y de que nunca más volverá a pasar», le dijo sonriendo y mostrando sus hoyuelos. Sus ojos brillaban con esa intensidad capaz de alterar su corazón y de debilitar sus piernas.

—Bueno, pensó la princesa, tiene buena voluntad.

Después, el príncipe la tomó entre sus brazos y todo quedó perdonado y olvidado.

✼ ✼ ✼

La princesa fue adquiriendo fama de una exquisita cocinera de comidas naturales. Los amigos y los invitados a su mesa alababan sus recetas y hacían que el príncipe se sintiera muy orgulloso.

Una noche, después de haber cenado en el palacio, la esposa de un delegado de Transportes entre reinos alabó con gran entusiasmo la cena y le sugirió a la princesa que recogiera todas sus deliciosas recetas en un libro, lo cual le pareció al príncipe una idea excelente.

—No sé escribir un libro —le dijo la princesa una vez que los invitados se hubieron ido— y, aunque supiera cómo hacerlo, es posible que no lo publicaran jamás.

—¡Oh, princesa! Siempre dudas de que puedas hacer cosas que no has hecho antes. Claro que eres capaz de hacerlo.

Y él la animó y le compró nuevas plumas de ganso y pergaminos para que pudiera escribir y recopilar todas sus creaciones culinarias. Asimismo, probó y clasificó sus nuevas recetas, elogiando sus esfuerzos.

Una tarde soleada, la princesa, tras varios meses dedicados a la elaboración de su libro, sentada en la mesa de la cocina deslizaba su pluma por el pergamino escribiendo los ingredientes necesarios para su *suflé* de verduras con crema de li-

---

(*) Preparación culinaria que tiene la particularidad de aumentar de volumen, de ahí la voz francesa de *soufflé*. *(N. del T.)*

món. De repente, todo su cuerpo se estremeció y una extraña brisa invadió la habitación. Levantó la vista y vio a su príncipe traspasándole con una mirada aguda y penetrante.

—Te preocupas más por ese miserable libro que por mí —le dijo frunciendo el ceño con enfado—, ¡ni siquiera has levantado la vista cuando entraba!

La princesa se incorporó en la silla y dijo aturdida:

—Yo... yo estaba trabajando en esto y me imagino que no te oí llegar.

—Eso no es nada nuevo. Ya *no* me prestas atención, y cada vez que te miro, o estás cocinando o anotando algo.

—Lo... lo siento. Creía que *querías* que escribiera este libro, —le contestó la princesa sintiendo cómo empezaba a temblar por dentro.

—¿Qué te hace pensar que será lo bastante bueno como para que te lo publiquen?

—*Tú* me convenciste de ello y pensaba que te sentirías orgulloso de mí.

—¿Orgulloso?, ¿de qué? —le dijo el príncipe enfadado—, ¿de una mujer que siempre está soñando con cosas que es posible que no ocurran?, ¿de una esposa que no ama a su marido lo suficiente como para estar a su lado cuando él la necesita?

—*Estoy* a tu lado siempre y te *amo* en cuerpo y alma. Siempre tengo tiempo para ti, ya lo *sabes*. ¿No he dado instrucciones al cocinero real para que te prepare unos espléndidos desayunos de harina de avena caliente con canela y pasas o de tortitas de manteca con dulce de almíbar recién hecho, y no me levanto cada mañana temprano para sentarme a desayunar contigo? —le preguntó elevando cada vez más el tono de voz—, ¿y no te escribo siempre notas de amor en tu bolsa de la comida o te doy masajes en el cuello y en los hombros cuando vuelves a casa tenso tras una dura jornada de trabajo en la embajada? ¿No te he dicho miles de veces lo encantador, apuesto y maravilloso que eres? ¿No soy yo la mejor audiencia que has tenido jamás para tus cuentos y tus chistes? ¿No recibo a tus amigos, me encargo de supervisar los asuntos del palacio y pongo rosas rojas en todas las habitaciones como prueba de nuestro amor? ¿No me siento en el banco de piedra del jardín de rosas contigo y...?

—¡Ya basta, Victoria! *Odio* que sigas con tus interminables explicaciones. —Dicho esto se volvió y salió muy enfadado de la cocina.

La princesa sintió como si una paloma extendiera por todo su estómago a gran velocidad un bote de mantequilla. El pecho se le encogió como una uva pasa y comenzó a dolerle la cabeza por el tono histérico de voz con el que Vicky atronaba sus oídos diciendo: «¡Nos odia!, ¡nos odia!»

Más tarde, mientras la princesa lloraba sobre su almohada tumbada en la gran cama de bronce, entró el príncipe y se sentó a su lado. Le repitió una y otra vez lo mucho que lo sentía, que no había sido su intención decir todas esas bobadas y que la última cosa en el mundo que deseaba era herirla. También le dijo lo mucho que la amaba y le prometió que no volvería a ocurrir una cosa así jamás.

—Eso es lo que me dijiste la última vez —le contestó la princesa ahogando su voz entre las almohadas—; ¿qué te ocurre?

—No lo sé, princesa. Es como si algo se apoderara de mí, pero no puedo explicarlo.

Ella levantó la cabeza:

—¿Y qué puede ser?

—Ojalá lo supiera. Es una fuerza que me domina, y me oigo a mí mismo diciendo unas cosas horribles. No puedo creer que salgan de mi boca.

—Bueno, no puede decirse que sea mi *Doctor Risitas* el que las diga. De eso estoy segura, —le dijo suspirando profundamente.

—No. Está más escondido».

—¿Escondido?... hmm... eso me recuerda una historia que me contaron una vez acerca de un terrible monstruo que se llamaba Señor Hyde[*] —le dijo incorporándose e intentando aclarar sus ideas—. Vamos a ver, ¿de qué forma se manifestaba? Sí, ya recuerdo. A veces este señor Hyde entraba en el cuerpo de otro hombre llamado Doctor Jekyll y le obligaba a hacer cosas espantosas... claro, ¡eso es exactamente lo que te sucede! —Y con ojos desorbitados concluyó—: ¡El *Doctor Risitas* se convierte en el *Señor Escondido*!

—¿De verdad lo crees así? ¿Cómo es posible?, —le preguntó el príncipe.

—No lo sé. Tal vez se trate de un encantamiento o de algo similar.

—¡Eso es!, ¡ya está! Alguien me ha hechizado con un espíritu maligno.

—Bien, yo misma *he* notado una extraña brisa por toda la cocina antes de que el brillo de tus ojos pasara a ser hielo.

—Princesa, tienes que ayudarme, por favor, —le suplicó el príncipe, apretando los hombros de la princesa con gran desesperación.

—¡Oh, amor mío! Por supuesto que te voy a ayudar —le respondió rodeando con sus brazos al príncipe y atrayéndolo hacia ella—. ¿No he jurado amarte y respetarte en lo bueno y en lo malo, en la salud y en la enfermedad, hasta que la muerte nos separe? Trata de no preocuparte, lo solucionaremos juntos... como sea.

(*) La autora hace un juego de palabras ya que en el original es Mr. Hide (Señor Escondido) que viene de *To Hide* «esconder», de ahí su semejanza con Mr. Hyde que, por otra parte, es un personaje al igual que el Dr. Jekyll de la novela *Dr. Jekyll y Mr. Hyde* del poeta, novelista y ensayista británico Robert Lewis Stevenson quien, con este libro, inventó un mito de la época contemporánea: el concepto de esquizofrenia. *(N. del T.)*

CAPÍTULO

6

Siempre se aplasta la rosa más hermosa

EL DÍA que la Editorial del reino publicó *El libro de recetas naturales de la familia real*, el príncipe convenció a la princesa para que firmara autógrafos en las docenas de copias que repartió con gran orgullo a los miembros de la embajada y del Comité Real de Quejas, a su ayudante, a su cochero y al repartidor del hielo. Pero el príncipe pronto perdió el entusiasmo y comenzó a cansarse de pasear por las librerías mientras la princesa firmaba ejemplares, así como de ver los mimos que la gente le prodigaba en exceso. Por encima de todo, lo que más le molestaba eran esas reuniones sociales a las que asistían, en las que la gente prestaba mucha más atención a la princesa y apenas le dedicaban unos minutos para poder contar sus chistes o representar su famosa *«Infancia en el palacio»*.

Sin embargo, para la princesa su gloria tenía un sabor agridulce pues su preocupación era el príncipe y su principal objetivo encontrar la forma de ayudarle. En primer lugar, llamó a la Universidad Imperial para hablar con el Director del Departamento de Poderes Sobrenaturales quien le dijo que le volvería a llamar en otro momento. En segundo lugar, fue a la Biblioteca Pública del reino para ampliar sus conocimientos sobre hechizos y caza de brujas, albergando la esperanza de encontrar el antídoto. Fue el mismo príncipe el que le pidió que llevara a cabo la investigación, alegando que estaba demasiado ocupado con los problemas de la embajada para concentrarse en cualquier otra cosa. Pero antes de terminar de leer todo el material que había recogido, volvió a suceder. El *Señor Escondido* regresó de nuevo... y mucho antes que la vez anterior.

Al principio, el hechizo se apoderaba del príncipe sólo una vez, permanecía en él durante un rato y duraba unos pocos minutos. Pero, conforme pasaba el tiempo, se manifestaba con más frecuencia y duraba horas o días enteros. Cuando el *Señor Escondido* desaparecía, la princesa tenía la sensación de haber sido arrollada por un caballo desbocado con lo cual cada vez le costaba mucho más recuperarse.

Su dulce y divertido *Doctor Risitas* aparecía siempre después con su familiar e irresistible destello en los ojos, disculpándose de todo corazón, pidiéndole otra nueva oportunidad y jurándole que no volvería a ocurrir más. Pero *volvía* a ocurrir una y otra vez.

La princesa comenzó a sentir miedo ya que nunca sabía quién compartiría con ella las mañanas o quién vendría a casa del trabajo por las noches, si el *Doctor Risitas* o el *Señor Escondido*. Cada vez que aparecía éste último, se comportaba de forma más mezquina. Todo lo que el *Doctor Risitas* tenía de tolerante, amable y encantador lo tenía el *Señor Escondido* de crítico, agresivo y odioso. Disfrutaba haciéndole daño y lo hacía muy bien. Sabía todo lo que la princesa le había contado al príncipe en la intimidad, sus pensamientos más secretos, sus miedos y sus sueños, y era un maestro utilizándolos en contra suya para herirla.

Puesto que la princesa sabía que el príncipe era bueno de corazón y que no podía evitar su manera de hablar ni de comportarse mientras estaba bajo el influjo del espíritu maligno, intentaba por todos los medios encontrar la forma de liberarlo. Así, recortaba artículos de ediciones anteriores del *Kingdom Journal of Mysticism (Periódico místico del reino)*, que le enviaban al palacio a petición suya. Subrayaba en rojo las partes más importantes para que el príncipe no perdiera gran parte de su valioso tiempo con su lectura, y los dejaba encima de la mesa de la cocina pues estaba segura de que allí los leería. Con todo, la información resultó ser insuficiente.

La princesa pensó que necesitaba elaborar un plan detallado y concienzudo. Así pues, se sentó y con la ayuda de la pluma elaboró una lista con todas las formas posibles para ayudar al príncipe a librarse de ese espíritu maligno. «Después de todo —pensó—, todos los problemas tienen solución y lo único que debo hacer es encontrarla, eso es todo.» Luego, puso en práctica cada uno de los puntos de la lista.

En primer lugar, le sugirió al príncipe que debía buscar el consejo de un profesional, quizás del director espiritual de la iglesia del reino que era una eminencia en los asuntos relacionados con el diablo, o tal vez del mago de la corte, experto en hacer desaparecer cosas. El príncipe los rechazó a los dos y la princesa, pensando que estaría más cómodo con alguien que no conociera, le sugirió el astrólogo del otro lado del reino que tenía una gran reputación. El príncipe le contestó que no tenía la más mínima intención de tratar su problema con ningún extraño incapaz de ayudarle.

—Entonces debes luchar con todas tus fuerzas para impedir que el hechizo te domine», le contestó la princesa con decisión.

55

—Lo *estoy* intentando, princesa, de todo corazón, pero el hechizo es muy poderoso. Justo en el momento en el que creo que estoy progresando aparece el *Señor Escondido*... y ya no puedo hacer nada para detenerlo, —le dijo el príncipe con gran desesperación.

—Siempre has sido muy valiente, mi querido príncipe. Estoy segura de que no vas a dejar que ningún viejo espíritu maligno te logre vencer.

—No podré hacerlo sin tu ayuda. Eres mucho mejor que yo para estas cosas. Si me amas de verdad, encontrarás la forma de hacer desaparecer el hechizo.

Cuando volvió de nuevo el *Señor Escondido*, la princesa probó el segundo punto de su lista: pedirle que dejara de atormentarla. Pero no funcionó, y siguió con el paso siguiente: amenazarle con irse de casa si volvía otra vez, pero tampoco dio resultado.

La princesa no tenía intención de rendirse, independientemente de la decisión del príncipe al respecto y, si era necesario, sería valiente y fuerte por los dos; tenía que serlo.

En la nueva aparición del *Señor Escondido*, se colocó cara a cara frente a él.

—Voy a luchar a muerte contigo para conseguir que regrese de una vez por todas el *Doctor Risitas*, —le dijo con todas sus fuerzas.

El Señor Escondido echó hacia atrás la cabeza y sonrió:

—¿*Tú*?, ¿luchar *conmigo* a muerte? Con lo frágil y debilucha que eres, que hasta tienes miedo de tu propia sombra, que ni eres capaz de tensar la cuerda de un arco y que caes enferma cada vez que sopla un viento frío. Mira cómo tiemblo, princesa... —le dijo en voz alta.

Aunque *él* puede que no temblara de miedo, *ella* sí que lo hizo. Tenía el estómago encogido, el pecho le oprimía tanto que apenas podía respirar y la cabeza comenzó a golpearle con gran fuerza mientras los gritos de angustia de Vicky estallaban en su interior.

La princesa estaba cansada y ya había agotado todos los medios a su alcance. Por eso, cuando el Señor Escondido volvió a manifestarse en una nueva ocasión, Victoria le dijo a Vicky que no le escuchara pues ella sabía que el príncipe no quería decir lo que decía, aunque no podía evitar que el Señor Escondido hablase y actuase de esa forma.

A menudo, la princesa se sentaba y se ponía a mirar con cierta tristeza el baúl de su ajuar de madera blanca con las rosas talladas a mano y situadas en las esquinas, soñando, recordando y esperando. Con todo, comenzó a pasar más tiempo *esperando* a su príncipe azul que *estando* con él.

Le resultaba muy difícil poder llegar al final de cada día. Todo era muy confuso... Victoria y Vicky por un lado y el *Doctor Risitas* y el *Señor Escondido* yendo y viniendo por otro, cada uno diciendo que los demás no sabían en realidad lo que estaba pasando. La princesa ya no estaba segura de lo que veía, oía, pensaba o sentía y, asimismo, se iba consumiendo por las preocupaciones, el miedo, los nervios, el estómago, la opresión del pecho, los dolores de cabeza, los gritos, las conmovedoras conversaciones con el *Doctor Risitas*, los espeluznantes encuentros con el *Señor Escondido* y los constantes esfuerzos para tranquilizar a Vicky.

Tampoco dormía mucho, sobre todo cuando aparecía el *Señor Escondido*. Noche tras noche, éste le decía algo mezquino o le acusaba de cualquier cosa alterándole los nervios justo antes de dormir. Luego, se daba media vuelta y caía en un profundo sueño con lo cual no tenía ninguna oportunidad de contestarle nada. Así se quedaba durante horas dándole vueltas a la cabeza y preguntándose por qué se lo había dicho, si no quería decir eso o si era verdad, qué podría haberle contestado ella o qué le habría querido decir.

Cuanto más permanecía allí tumbada, más intensos eran los temblores, las opresiones, los miedos y los dolores de cabeza. Lo que empeoraba todavía más las cosas era el miedo a moverse aunque sintiera algún picor, porque el *Señor Escondido* podía despertarse de repente, gritarle y acusarle de intentar molestarle a propósito. Al final, lograba conciliar el sueño de forma irregular, deseando y rezando para que fuera el *Doctor Risitas* el que despertara a la mañana siguiente a su lado.

Cuando el *Señor Escondido* estaba a su lado, lo que le preocupaba a la princesa era el tiempo que iba a tardar en marcharse y cuando aparecía el *Doctor Risitas* se preguntaba cuánto iba a permanecer a su lado. Ahora bien, a solas, lo que le inquietaba era saber cuál de los dos aparecería la próxima vez, e intentaba dar con la forma de dominar los temblores, la opresión, el miedo y el dolor de cabeza. Poco tiempo después desistió pues ya se había olvidado de lo que significaba estar tranquila.

En el mismo momento en el que la princesa creía que ya no iba a poder soportar más sus locuras, el *Doctor Risitas* llegaba a casa, llorando a mares y diciéndole que lo sentía. Le aseguraba que el *Señor Escondido* le decía cosas para herirla aunque no fueran ciertas, también le repetía que era dulce, buena, especial y que era muy afortunado de tenerla como esposa. Le prometía que iba a ser mejor... que ella era la que se imaginaba que las cosas estaban empeorando, que lo iba a intentar con todas sus fuerzas y que todo volvería a ser pronto tan maravilloso como antes.

La princesa saboreaba cada palabra que decía, creyéndoselo de todo corazón. El brillo de sus ojos seguía haciendo que su corazón latiese con más fuerza y que sus piernas flaquearan. Se acurrucaba entre sus brazos y le decía: «Mi querido príncipe azul, mi precioso *Doctor Risitas*, gracias a Dios que has vuelto» y la memoria de las frías miradas del *Señor*

Escondido desaparecían de su mente como si nunca hubiesen existido.

✿ ✿ ✿

La princesa disfrutó de un momento especial cuando la luz del sol entró por la ventana de la cocina y la vio moverse por entre los jarrones de cristal que estaba vaciando para colocar las flores recién cortadas que el príncipe había ido a coger al jardín. Miró por un instante la nota del príncipe que ella misma había colocado en la pared esa mañana después de encontrarla en la mesa de la cocina.

> *Las rosas son rojas,*
> *Las violetas son azul turquesa,*
> *La mejor esposa del reino*
> *eres tú, mi querida princesa.*

De repente, la puerta de servicio se abrió de golpe y apareció el príncipe. Arrojó al escurreplatos un gran ramo de rosas justo delante de ella esparciendo unos cuantos pétalos rojos por el suelo mientras otros se quedaron en el fregadero.

—¡Disfruta de estas flores, princesa, porque van a ser las últimas que te traigo. ¡Te sugiero que te acostumbres a cogerlas tú sola!

La princesa le miró atónita:

—¿Qué? ¿De qué estás hablando?

—Me he clavado una espina en el dedo y en ese momento me he dado cuenta de quién me había hechizado con su espíritu maligno, —le contestó.

—¡Eso es maravilloso!, ¿quién es?

—¡Como si no lo supieras ya! ¡Eres *tú*, princesa, tú!, —le dijo el príncipe gritando y acusándole con el dedo.

—¿Quién, *yo*? La única que ha estado ayudándote, la única que...

—No empieces de nuevo, no te vas a librar de esto.

—¿De *qué?*, no he hecho nada malo.

—¿Seguro? —le preguntó el príncipe enfadado—. Pues bien, el hechizo sólo se apodera de mí cuando estoy contigo y no me sucede con nadie más. Ahora dime, ¿qué piensas de *eso*, señorita perfecta y princesa tiquismiquis? ¡Todo es culpa tuya! Durante todo este tiempo, ¡tú *eras* la que me estaba hechizando!, —gritaba el príncipe aplastando con la bota, de forma deliberada, el pétalo caído de una rosa.

La princesa sintió como si le hubieran clavado un cuchillo en el corazón.

—Ni siquiera sé *cómo* hacer un conjuro..., —consiguió decir preguntándose si sería cierto.

—No importa. Yo sé que es por tu culpa.

Y corrió detrás del príncipe pidiéndole que le escuchara mientras él salía disparado de la cocina, cerrando de golpe las puertas que se encontraba a su paso. Una de ellas estuvo a punto de derribar a la princesa mientras intentaba darle alcance.

—¡Tengo que salir de aquí!, —gritaba el príncipe, lanzando improperios contra ella por todo el palacio. A continuación, salió por la puerta principal y pidió su carruaje.

La princesa se precipitó detrás de él y, al tiempo que salía por la puerta del palacio, vio al príncipe de pie al lado de su carruaje, golpeando la puerta con el puño y murmurando algo que ella no pudo entender y que no creía que quisiera oír.

En ese momento, la princesa se detuvo y con sumo cuidado se acercó hasta él.

—¿Estás bien? —le preguntó—, ¿qué te ha pasado?

—*Tú* eres lo que me ha pasado —le gritó—, ¡todo es por tu culpa!

El cochero, que permanecía de pie en silencio, miró de forma burlona a la princesa y se encogió de hombros.

—¿Por *mi* culpa? ¿Qué he hecho *yo*?, —le preguntó al príncipe.

—Muy bien, hazte ahora la tonta. Alguien que se cree tan inteligente, es raro que no sea capaz de adivinarlo por sí misma, ¿verdad? Venga, respóndeme.

A la princesa se le secó la garganta y no pudo pronunciar ni una palabra.

—No importa, ¡genial!, yo te lo diré; acabo de herirme en la pierna al ir a entrar al carruaje.

—¿Es culpa *mía*?, —le preguntó sumisa, temiendo que se enfadara todavía más.

El príncipe se acercó cojeando hasta la princesa, agitando el puño en el aire.

—Si no me hubieras enfurecido tanto, no habría salido de aquí con tanta rapidez ni habría estado pensando en tu traición y habría prestado más atención a lo que estaba haciendo —le dijo gritando con la cara roja de furia—, ¡si no hubiera sido por tu culpa, no me habría hecho daño!

Deseando poder desaparecer, la princesa bajó la cabeza y clavó la vista en el suelo para evitar su mirada.

Sin embargo, el príncipe seguía acosándola con su voz irritada y con su mirada glaciar.

—¡Mírame cuando te estoy hablando, Victoria!, —le pidió.

Ella levantó la vista llena de gran espanto pues allí, tras su penetrante mirada, vio su propio reflejo, el de una persona que todo lo hacía mal, y comenzó a llorar.

El príncipe agitó con gran fuerza el puño delante de ella y le dijo, a la vez que se le marcaban aún más las venas del cuello y la voz retumbaba con fuerza en sus oídos:

—¡Eres demasiado sensible, Victoria!, ¡demasiado delicada!, ¡no eres capaz ni tan siquiera de engendrar un hijo! —su voz se elevó todavía más—, ¿qué te ocurre?, ¿por qué no puedes ser como el resto de las esposas reales? —levantó las manos con gran frustración—, ¿qué he hecho yo para merecerme esto?

Vicky comenzó a hacer tanto ruido para apaciguar la voz del príncipe que la cabeza de la princesa estaba a punto de estallar. Se dio media vuelta y entró corriendo en el palacio hasta llegar al cuarto de estar, cerrando la puerta de golpe.

—¿Qué vamos a hacer ahora?, —le preguntó Vicky entre sollozos.

—No lo sé —respondió Victoria hundiéndose en el sofá de flecos dorados—, déjame pensar.

—¡Pero tienes que saberlo!

—¡Vicky, por favor! Cállate un momento para que pueda pensar.

Vicky esperó. Pero cuando ya no pudo soportar más el tictac del reloj de la repisa de la chimenea, le reveló a la princesa lo que tanto tiempo llevaba acallando en su mente:

—Tal vez... es posible que el espíritu maligno *sea* por nuestra culpa. Quizás seamos las culpables de *todo*.

—¡Tú también, no! ¿Cómo puedes decir una cosa semejante?

—Porque lo siento así. De todas formas, el príncipe no es capaz de mentirnos. Es el Príncipe Azul, todo el mundo lo dice.

—No puedes creerte siempre lo que diga la gente, Vicky. Y no estoy tan segura de que el príncipe no sea capaz de mentirnos.

—Pero, ¿y si tiene razón? —le preguntó Vicky—, ¿y si resulta que nos tiene alergia o algo así?, ¿y si todo lo que decimos o hacemos sólo sirve para que vuelva a estar poseído por ese espíritu, como él dice?

—¡Oh, Vicky, por amor de Dios!

—En realidad, sólo aparece cuando está con nosotras,

nadie más conoce al *Señor Escondido*, salvo el cochero y desde hace un momento.

Lo que decía parecía tener sentido, por eso Victoria reflexionó en lo que habían podido hacer para invocar al espíritu, pero no pudo encontrar la respuesta. Se imaginó que debía de haber hecho muchas cosas mal para que le sucedieran tantas desgracias aunque ignoraba cuáles podían ser.

—No sé qué más pensar, Vicky —le confesó Victoria—, estoy cansada, muy cansada.

—Eres una experta en resolver este tipo de cosas y, por eso, debes pensar en algo.

Vicky esperaba impaciente mientras Victoria se atormentaba cada vez más con el problema.

—Quizás haya algo de verdad en lo que dices, Vicky. Es posible que no tengamos otra oportunidad y me imagino que deberemos esforzarnos para no decir, hacer o pensar cualquier cosa que pueda atraer al espíritu maligno.

—Pero, ¿en qué debemos esforzarnos todavía más?

—Tendremos que ser buenas, más aún, perfectas.

—No puedo hacerlo. Ya lo intenté con el rey y la reina, ¿te acuerdas? No puedo ser mejor de lo que ya soy.

—Bueno, creo que deberías intentarlo y, esta vez, espero que lo consigas. De lo contrario, el príncipe nos dejará.

Así pues, cada día se esforzaba más por ser perfecta de muy diversas formas para evitar que el espíritu maligno se manifestase, aunque éste cambiaba de un día para otro. Sin embargo Vicky, que nunca había podido superar el hecho de no ser lo bastante buena para ganarse el amor del rey y de la reina y que seguía teniendo algunas pesadillas en las que la separaban de Victoria mientras permanecía encerrada en el armario, no tenía suerte con el príncipe. Se pasaba todo el día intentando ser perfecta con tanto empeño, que descuidaba el aspecto físico de Victoria.

Vicky no estaba satisfecha con el trabajo que realizaban los sirvientes del palacio e insistía en que Victoria se encargara de ello personalmente y volviera a limpiarlo. Es más, aunque la princesa estuviera entreteniendo a los invitados del príncipe con su ingenio y su donaire, Vicky se preocupaba y se inquietaba cada vez que había un acontecimiento social. Le pedía a Victoria que ella misma se encargase de hacer la comida, de decorar cada plato con capullos de rosa hechos con mantequilla y de cortar las zanahorias y los rábanos en forma de espiral. La cocinera intentaba ayudarle pero Vicky no le dejaba y, una vez que llegaban los invitados, Victoria estaba tan cansada que no disfrutaba de la velada.

Cuando Victoria tomaba una decisión, independientemente de la importancia que tuviera, Vicky se aseguraba de no cometer ningún fallo. Tal era el temor de Vicky a equivocarse en la elección que convencía a Victoria para que escribiera una nota a la reina, ya que casi siempre tenía razón, preguntándole qué era lo que debían hacer y hacía que una de sus doncellas llevara el mensaje mientras ella esperaba una respuesta. Sin embargo, los criados se pasaban tanto tiempo yendo y viniendo al galope que muchas veces no llegaban a tiempo de lavar o de planchar, con lo cual, debía hacerlo Victoria.

La situación se empeoraba todavía más cuando la princesa tenía que decidir su voto a una propuesta en calidad de «miembro de buena reputación» del prestigioso Comité Soberano para los Desamparados. Victoria elaboraba una lista con los pros y los contras y, en el preciso momento en el que ya había decidido qué votar, Vicky la convencía de lo contrario. Pero si cambiaba de opinión y se ponía de acuerdo con Vicky, ésta volvía a disuadirla para que votara según su postura inicial. Con lo cual, en ocasiones, la princesa permanecía sentada, confundida y aturdida, mientras los otros once miembros del comité esperaban con impaciencia su decisión.

Pero ningún esfuerzo de la princesa consiguió hacer cambiar al Señor Escondido que seguía paseándose con el ceño fruncido y la mirada penetrante, buscando un pretexto para enfadarse por algo y, de no haberlo, se lo inventaba.

La expresión de la cara de la princesa era suficiente para hacerle montar en cólera. Sin embargo, ella no podía hacer nada por evitarlo ya que ignoraba cuál sería la que le haría enfadar. A veces, le hacía creer que era capaz de leer el pensamiento, y se irritaba con la princesa por lo que creía que ésta estaría pensando, y cuando ella intentaba asegurarle que no estaba pensando lo que él decía, éste le acusaba de negar la verdad. «Sé mejor que tú lo que pasa por esa astuta cabecita tuya», le contestaba el príncipe.

Convencida de que nunca conseguiría vencer al *Señor Escondido*, Vicky comenzó a sentirse más triste cada día, haciendo que Victoria se sintiera de igual forma.

—Soy como soy —murmuró un día Vicky en un tono de voz tan bajo que Victoria tuvo que hacer un verdadero esfuerzo para oírla—, y no soy lo bastante buena. Nunca te llevarás bien con él mientras yo siga a tu lado. Tal vez debería marcharme y no regresar jamás.

Victoria se sentó sin decir nada, preguntándose si tal vez Vicky tenía razón.

Así pues, Vicky se obligó a sí misma a encerrarse en el armario del dormitorio; entró con resolución y cerró la puerta de golpe. Se sentó en el suelo en medio de la oscuridad, acurrucándose en una esquina al fondo e intentando acallar su lloriqueo. Pero no sirvió de nada... la actitud del príncipe empeoró aún más. Noche tras noche, la princesa permanecía despierta en la cama observando las sombras del dormitorio mientras las lágrimas corrían por su cara y mojaban su pelo. No se molestaba en secárselas pues tenía miedo de molestar al inestable extraño que dormía a su lado.

A veces, se quedaba mirándole mientras dormía plácidamente y podía ver en él todavía al mismo príncipe valiente, encantador y apuesto del que se había enamorado... y que todavía amaba. Deseaba poder acariciar con los dedos esa inmensa mata de pelo negro que tan bien conocía, y acurrucarse en los fuertes y cálidos brazos que tantas veces habían encendido su alma y su corazón. El príncipe permanecía allí tumbado tan cerca y, sin embargo, tan lejos... Todos estos recuerdos herían su corazón y, en muchas ocasiones, suspiraba por la ausencia de su príncipe aunque estuviera tumbado justo a su lado.

Una mañana, la princesa se despertó más tarde de lo habitual tras un sueño inquieto y se levantó muy despacio de la cama. El estómago le seguía doliendo por los nervios y el pecho le oprimía provocándole una tos latosa. El *Doctor Risitas* no había desaparecido antes durante tanto tiempo y la princesa no sabía el tiempo que podría aguantar sin él.

—¿Dónde está el *Doctor Risitas*? —le preguntó al *Señor Escondido* que ya se había vestido—, no lo veo desde hace semanas.

—Se ha ido.

—¡No puede ser! Sé que está en alguna parte, no sería capaz de abandonarme. Me prometió amarme y respetarme en lo bueno y en lo malo, en la salud y en la enfermedad hasta...

—Hasta que la muerte os separe. Bueno, creo princesa, que se ha muerto. El príncipe que tú conociste murió hace mucho tiempo, así que será mejor que dejes de esperar, de desear y de llorar. Está muerto y no va a volver jamás.

—Sé que estás ahí, mi amado príncipe, —contestó la princesa con un nudo en la garganta tan grande que apenas podía hablar. Examinó sus ojos con detenimiento, más allá de esa mirada helada y de su propio reflejo y allí, en el lugar exacto en el que sabía que estaría, pudo distinguir el pálido y tímido destello que tan bien conocía y que, como siempre, era por ella.

Un mar de lágrimas brotó de lo más profundo de su alma y a punto estuvo de ahogarla en su pena. Lloró y recordó que durante muchos años había estado soñando con una vida de cuento de hadas al lado de su príncipe azul, pero que se había convertido en eso, en una tortura. Lloró mucho más y, de repente, añoró la comodidad de su antigua habitación de niña con su colcha de plumas de color rosa y sus suaves almohadones. «Tal vez si volviera a casa de mis padres a pasar unos días podría decidir con toda tranquilidad lo que debo hacer», pensó la princesa.

Pero Vicky odiaba la idea.

—No voy a ninguna parte —protestó mientras Victoria ponía unas cuantas cosas en su bolso de fin de semana de cachemir—, antes prefiero morir que dejar al príncipe. Él me necesita y yo a él.

—Sólo vamos a descansar y a pensar en lo que debemos hacer. Nadie ha dicho nada de dejar al príncipe.

—Bueno... lo que está claro es que no me puedo quedar aquí sola con el *Señor Escondido*. Supongo que tendré que ir contigo, pero prométeme que volveremos. Di «Lo juro y que me muera, beso al...»

—«Lo juro y que me muera.» Ahora, venga Vicky, ¡vámonos!

CAPÍTULO

7

Un acuerdo de la mente y el corazón

EN EL CARRUAJE de camino al palacio de sus padres, la princesa pensaba en la excusa que les iba a dar al rey y a la reina para justificar la forma tan inesperada de presentarse, y además sola, con su bolso de fin de semana en la mano.

Se le ocurrieron un sinfín de pretextos, pero antes de llegar ya había decidido contarles la historia del príncipe y del espíritu maligno que, hasta ahora, había podido guardar en secreto.

—¿Dónde está la reina?, —le preguntó al sirviente que le abrió la puerta.

—Creo que en la biblioteca, princesa.

—Por favor, lleva esto a mi antigua habitación, —le pidió entregándole el bolso.

—¡Pero si eres tú, princesa —le dijo el rey dirigiéndose hacia ella desde el otro lado del vestíbulo—, me había parecido oír tu voz. ¡Qué sorpresa!

La princesa abrazó a su padre apoyando la cabeza en sus hombros.

—¿Es tu bolso de fin de semana lo que has mandado que te suban arriba? —le preguntó—, ¿piensas quedarte?

—Sólo un par de días, si me lo permitís.

—Claro que sí, princesa, pero...

—Necesito hablar contigo y con mamá.

—¿Estás bien? No pareces...

—Por favor, papá. Será más fácil si os lo cuento a los dos a la vez.

—No me gusta la forma en que lo dices, Victoria, nada en absoluto, —le dijo el rey rodeando con sus brazos los hombros de la princesa mientras caminaban en silencio en dirección a la biblioteca.

—¡Victoria! —exclamó su madre, levantándose del sofá—, no te esperábamos. ¿Viene el príncipe contigo?

—No, mamá, no viene.

—Pareces cansada —le dijo la reina con cierta preocupación—, ven y siéntate aquí. Una vez sentadas en el sofá, la reina observó a su hija con más detenimiento y le preguntó—: ¿Estás enferma?

La princesa comenzó a llorar luchando por mantener la calma mientras se encogía cada vez más.

—¿Qué te ocurre, princesa?, —le preguntó el rey sentándose en una sillón cercano.

Un torrente de quejas y de palabras terribles salieron de sus labios acerca del espíritu maligno y del malvado *Señor Escondido*. Sin embargo, omitió la parte más cruel porque sabía que el rey y la reina amaban al príncipe igual que a un hijo y no quería herirles más de lo necesario.

—¡Apenas puedo creer que sea cierto!, —exclamó el rey.

—No me extraña que tengas ese aspecto de enferma y de cansada, —le dijo la reina moviendo la cabeza con asombro.

70

—*Estoy* enferma y cansada, madre, de que el príncipe esté siempre enfadado conmigo, de ser la culpable de lo que está mal, de temblar de miedo, de los nervios en el estómago, de la opresión en el pecho y de los dolores de cabeza. También estoy harta de esperar y de llorar... y de coger yo misma las rosas... y de estar enferma y cansada.

—¿*Nuestro* príncipe azul? ¿Cómo ha podido ocurrir? —le preguntó la reina—, ¿por qué no hemos presenciado nunca ninguna demostración de su excéntrico comportamiento, Victoria?

—Porque sólo le pasa conmigo, —le contestó la princesa, conteniendo las lágrimas.

—Bien, entonces —le dijo el rey—, ¿te has parado a pensar que tal vez el príncipe tenga razón al afirmar que, en parte, seas la causante del hechizo?, ¿por qué aparece sólo cuando estás tú? Seguramente, una cosa así no puede surgir por sí sola, debes de haber hecho *algo*.

La voz de Vicky retumbó en la cabeza de Victoria: «Ya sabía yo que iba a decir eso, ¡lo sabía! Siempre dice lo mismo.

—¿Victoria?... ¡Victoria! —le dijo la reina, elevando la voz para atraer la atención de la princesa—, ¿estás completamente segura de que la situación es tan mala como crees? Perdóname por decirte esto, querida, pero en más de una ocasión has sido muy propensa a confundir lo que es real con lo que no lo es.

—En estos momentos no estoy segura de casi nada, mamá.

El rey se levantó y comenzó a pasear de un lado a otro de la habitación con las manos unidas a la espalda.

—No lo entiendo. El príncipe ha estado un poco misterioso últimamente... ¡pero una cosa así!

—Siento mucho todo esto, Victoria —le dijo la reina—, quizás sería mejor que tu padre y yo hablásemos con el príncipe.

—Dudo que haya nadie capaz de comunicarse con él. Pero os quiere mucho a los dos y por eso, tal vez... —dijo la princesa inclinándose para buscar el consuelo en el regazo de su madre—, no sé qué más puedo hacer, no lo sé».

Esa noche, los tres cenaron en silencio y la princesa se retiró pronto a su antigua habitación de color rosa y blanca con la gran cama de dosel. Todo estaba igual que cuando salió de ella para casarse con el príncipe, ya que la reina había ordenado a la servidumbre de palacio que la conservasen así.

La princesa recorrió con sus manos el tocador y enderezó el *Código Real de Sentimientos y Conducta de Princesas* que seguía colgado en la pared encima de él. El gran espejo de bronce seguía de pie en una esquina de la habitación, y esto le recordó el hermoso reflejo de una princesita que solía verse en él aunque también se acordó del que le decía lo que había hecho mal. Puesto que no quería alterar la calma en la que se encontraba, se mantuvo alejada del espejo.

Asimismo, estaba tan agotada que le costó grandes esfuerzos desnudarse. Sacó de la bolsa el camisón de seda azul y lo deslizó por encima de su cabeza, relacionando el color con su estado de ánimo*. Se metió en la cama, se acomodó en ella tapándose con la plumífera colcha de color rosa y cogió una de las esquinas para sentir en su mejilla toda su suavidad. Por alguna razón se sentía aliviada pero, tal era su cansancio que así mismo, se quedó dormida.

❊ ❊ ❊

A la mañana siguiente, la princesa se despertó con el gorjeo de los pájaros en los árboles al otro lado de la ventana y los rayos del sol que le daban la bienvenida mientras inundaban la habitación. Había dormido mucho mejor que en los últi-

---

(*) En inglés el color azul significa melancolía. Así, to *feel blue* significa «estar melancólico» y *to look blue* «tener aspecto triste». *(N. del T.)*

mos meses, aunque la dolorosa realidad que le recordaba dónde estaba y el por qué, le golpeó igual que lo haría un disco que se extravía en los Juegos Olímpicos. Salió de la cama, se puso la bata y fue a asearse.

Al regresar, sobre su mesilla había una bandeja con tortitas de manteca y dulce de almíbar recién hecho, así como una humeante tisana de hierbas. Se metió de nuevo en la cama y colocó la bandeja en su regazo. En realidad, hacía mucho tiempo que no le servían el desayuno en la cama.

Recordó todas las mañanas que le habían traído tortitas de manteca a su habitación en la misma bandeja y la habían dejado en esa mesilla. Cuando estaba contenta, se comía las tortitas con entusiasmo y disfrutaba de cada momento, pero cuando estaba triste se dejaba caer algunos trozos por el plato que, mojado con dulce de almíbar, se quedaban pegados al tenedor cuando se lo llevaba a la boca. En ese caso, el día iba a ser por el estilo, igual que una ligera tortita.

Puso la bandeja a un lado y se llevó la tisana al asiento que había junto a la ventana. Se acomodó en él y observó el paisaje que tantas veces había contemplado mientras recordaba cada uno de los sueños que, desde esa misma silla, había ido elaborando y alimentando en su imaginación. «¡Qué diferente se ve todo —pensó—, aunque esté igual que antes!»

En ese momento, sus ojos se detuvieron ante el único árbol que se divisaba en lo alto de la pequeña colina justo al otro lado de los jardines de palacio. Seguía teniendo un aspecto triste y solitario igual que la vez en la que la princesa salió a hablar con él, o al menos ese era su recuerdo. Aquel día conoció a Henry Herbert Hoot, el doctor del corazón. Una lágrima solitaria salió de sus ojos recorriendo de forma lenta su mejilla igual que aquel otro día. «¡Oh, Doc! —pensó—, ¡ojalá pudiera hablar contigo ahora!»

La puerta se entreabrió y la reina asomó la cabeza.

—¿Cómo te sientes hoy, Victoria?, —le preguntó entrando en la habitación.

—Me imagino que un poco mejor, mamá. Me ayuda mucho estar aquí.

—Muy bien, —le contestó la reina acercándose a la ventana donde estaba la princesa y acariciando con suavidad y cariño su melena.

—¿Te acuerdas de cuando solías sentarte en mi cama por las noches y hacías esto mismo hasta que me quedaba dormida? —le preguntó la princesa—; hablábamos de los cuentos de hadas y de un príncipe que vendría un día a buscarme. ¡Era tan feliz! Me pregunto si alguna vez volveré a ser tan feliz como antes.

—Pues claro que sí —le respondió la reina dándole un reconfortante abrazo—, y ahora debes prepararte para bajar. Tu padre y yo hemos llamado al príncipe y le estamos esperando de un momento a otro.

❋ ❋ ❋

Era un príncipe triste el que saludó a la reina y a la princesa cuando entraron en la biblioteca. Se inclinó y besó en la mejilla con delicadeza a la reina.

—Hola, mamá, —le dijo muy amable.

Miró a la princesa y sonrió ligeramente cerrando los ojos. Sin decir una palabra, le cogió la mano apretándola de esa forma tan especial que tenía. La condujo hasta el sofá y se sentó a su lado. Por un momento, los ojos de la princesa se encontraron con los suyos y pudo percibir un tímido destello brillando en su interior. Victoria se acomodó en su asiento, sin poder respirar apenas, sintiendo sólo el latido de su propio corazón.

El rey, que había estado observándolo todo desde su sillón, miró al príncipe y dijo:

—Bueno, ¿qué es todo eso que hemos oído acerca de un

espíritu maligno y de un tal *Señor Escondido*? ¿Qué son los temblores, las opresiones, los miedos, las injurias y los disgustos de la princesa? y ¿qué es eso de que tenga que cogerse ella sus propias rosas?

El príncipe admitió que todo era verdad y les contó lo que él y la princesa habían hecho para intentar librarse del hechizo.

—Desde el principio, ella ha sido mi mejor amiga —afirmó con una voz temblorosa llena de emoción mientras apretaba la mano de la princesa de esa forma tan especial—, creyó en mí incluso cuando el *Señor Escondido* era muy cruel con ella. Aguantó por los dos aunque ni siquiera estuviera yo allí.

—La princesa dice que le echas la culpa del hechizo, —le dijo el rey.

—No, el *Señor Escondido* es el que lo ha hecho. Yo siempre he sabido que no era culpa suya.

—Debes combatir al espíritu maligno con todas tus fuerzas o, de lo contrario, destruirá lo que más quieres, —le contestó la reina.

—El hechizo es demasiado poderoso —dijo el príncipe—, no puedo luchar contra él, no tengo fuerzas y ya lo he intentado todo.

—¡Pero debes hacerlo!, —insistió la reina.

—Lo siento muchísimo —dijo el príncipe mirando al rey y a la reina a la vez—, os quiero con todo mi corazón y no quería haberos herido como lo he hecho ni tampoco hacerle daño a la princesa. La quiero desde el mismo instante en que la vi y no puedo soportar la idea de estar sin ella... ni la de seguir destrozándola de esta manera, —los ojos del príncipe se llenaron de lágrimas y al bajar la cabeza cayeron a su regazo.

Vicky comenzó a gritar con tanta fuerza que era imposible creer que los que estaban al lado de Victoria no fueran capaces de oírla. «¡Que alguien haga algo!, ¡rápido! Abrázale, Victoria. Acaríciale el pelo igual que hacías antes y dile que todo esta bien. Mírale a los ojos y dile que le queremos por encima de todo y que siempre será así. ¡Victoria, por favor!, ¡hazlo!, ¡hazlo ahora antes de que sea demasiado tarde!

Tan enamorada, tan triste y tan aturdida estaba la princesa que todo daba vueltas a su alrededor dentro de una gran confusión. Sentía tal nudo en la garganta que era incapaz de articular palabra.

El rey se levantó y comenzó a pasear por la habitación de un lado a otro frotándose las manos.

—Resuelvo incluso el problema más difícil... cuestiones que afectan a las vidas de todos los habitantes del reino... y no soy capaz de solucionar el que afecta a mi propia hija y a mi yerno.

—Lo que Dios ha unido, que no lo separe el hombre —concluyó la reina—, lo siento de todo corazón, hijos míos, pero esta vez no puedo aconsejaros lo que debéis hacer.

El príncipe se levantó para volver a su casa. Se despidió del rey y de la reina, abrazándolos con más cariño que antes, y rodeó con sus brazos a la princesa mientras ésta le acompañaba a la puerta principal de palacio. A continuación, se volvió y le susurró al oído:

—Te quiero, princesa. Siempre te he querido y te querré... pase lo que pase... el resto de mi vida.

Sin aguardar a que la puerta se cerrara tras él, la princesa corrió por el vestíbulo, subió la escalera de caracol, se metió en su habitación y cerró la puerta de golpe. Se echó encima de la colcha rosa y comenzó a llorar, intentando decidir lo que debía hacer sin poder dejar de llorar. Así como estaba, completamente agotada, se sumió en un sueño inquieto.

CAPÍTULO

8

Hacer o no hacer...

LA PRINCESA se despertó de la siesta con la imagen viva y real de un búho que cantaba con un sombrero de paja y un estetoscopio que salía de su cuello tocando canciones con un banjo diminuto. Se dio cuenta de que había estado soñando con Henry Herbert Hoot, D. C.

Se levantó y fue hasta la ventana desde donde divisó a lo lejos la colina con el árbol en el que conoció a Doc y que parecía estar llamándola. Sabía que era casi imposible volver a encontrarse con el búho después de tantos años, aunque fuese real, pero el árbol ejercía un gran influjo sobre ella. Pensó que podía llegar allí antes de que anocheciera, así que se puso un jersey y bajó las escaleras con rapidez, pasando por delante de la reina.

—Voy a dar un paseo, mamá —le dijo—, volveré pronto.

Recorrió los jardines del palacio y llegó a la pequeña colina protegiéndose los ojos de la luz cegadora de la puesta de sol. El árbol no era tan pequeño como parecía, pero ante el cielo anaranjado resultaba mucho más solitario de lo que ella recordaba.

Miró por entre las ramas con la esperanza de ver al búho, pero no estaba. El sol se iba escondiendo tras el horizonte y sus ilusiones con él.

—¡Oh, Doc! —dijo en voz alta—, ¡ojalá estuvieras aquí! Tú eres el único que podría ayudarme.

Decepcionada, se quedó allí sentada durante un rato viendo cómo anochecía. Una estrella apareció brillando cada vez más.

—Pídeselo a la estrella, Victoria, —le sugirió Vicky.

—¡Oh, Vicky! Se está haciendo tarde y, de todas formas, no servirá de nada porque Doc no está aquí.

—Apuesto a que vendrá si se lo pides a la estrella. Por favor, Victoria, ¡por favor!.

—Está bien, lo voy a intentar.

La princesa dirigió su mirada a la estrella, y dijo:

Estrella brillante, estrella luminosa,
La primera estrella que esta noche se posa,
Ojalá pudieras cumplir por tal cosa,
El deseo que esta noche en mí reposa.

Cerró bien los ojos y deseó con todas sus fuerzas que apareciera Doc. Luego, esperó durante un buen rato pero no pasó nada. Se sentó en el suelo y se cubrió la cara con las manos.

Poco después, la música de un banjo comenzó a sonar y la voz que había estado esperando oír cantaba esta canción:

Oí que a una estrella se lo pedías,
Y de lejos vine a ver qué querías.
Cuando tus deseos liberas,
Por arte de magia los recuperas.

—¡Doc! —gritó la princesa, levantándose de un salto y corriendo al encuentro del búho—, ¡eres tú de verdad! He estado buscándote en el árbol pero no te he visto.

—Hay muchas cosas que no ves, princesa.

—Sí que las veo. Por ejemplo, te veo a ti, tu sombrero de paja, tu banjo, el árbol, el cielo y la estrella a la que le pedí el deseo.

—Hay cosas que no pueden verse con los ojos y que están ahí», le contestó Doc.

—¿Qué tipo de cosas? ¿Cosas como que el deseo consigue que los sueños se hagan realidad?

—Si así fuera, ¿por qué todos tus deseos no han conseguido liberar al príncipe del espíritu maligno?

—¿Cómo lo sabes?

—Me lo dijo un parajito. A decir verdad, una bandada de amigos tuyos con plumas me lo contaron cuando vinieron a pedirme consejo después de que dejaras de cantar. Sus corazones estaban tan tristes que apenas podían volar.

—Sí, conozco ese sentimiento... quiero decir lo que se siente cuando se tiene el corazón triste —suspiró la princesa—. ¡Ojalá supiera la forma de librarme del espíritu maligno!, así sería feliz, volvería a cantar con los pájaros y todo sería perfecto otra vez. Tienes que ayudarme, Doc. Ya lo he intentado todo y nada ha dado resultado.

—Está bien, princesa. Nada ha funcionado.

—Pensé que tal vez se te ocurriría *algo* que todavía no he probado.

—En efecto, conozco ese algo y es *nada*.

—¿Nada?

—Sí, nada.

Victoria frunció el ceño mientras pensaba en lo que Doc le había dicho. «¿No hacer nada?», se preguntó.

—Sí, princesa. El no hacer nada es algo que todavía no has intentado. Debes dejar de actuar y comenzar a no hacer nada en absoluto. Eso es, no hacer nada y no decir nada; no dar explicaciones, no defenderte, no poner las cosas en orden,

no protestar, no pedir perdón, no amenazar, no preocuparte, no pasarte noches en vela pensando, planeando y calcu-
lando. ¿Entiendes la idea?

—¡No me resulta tan sencillo no hacer nada!

—Cuando no hagas nada, en realidad estarás haciendo
algo... algo que ayudará al príncipe si te alejas de su lado.

—¡Eso no se puede decir así como así! —dijo la princesa
con gran indignación—. ¿En qué le perjudico yo si lo único
que intento es ayudarle?

—Perdóname, princesa, no pretendía ofenderte, pero el
príncipe está demasiado ocupado pensando en lo que te ocurre a ti para ver cuál es su problema. Si no haces nada, es más
probable que el príncipe vea que está haciendo algo.

—No puedo dejar de ayudarle. ¿Qué será de él?

—¿Qué le ha ocurrido desde que comenzaste a aconse-
jarle y a actuar? ¿Qué te ha pasado a ti?

—Pero me pidió ayuda.

—Sólo porque alguien te pida ayuda no es razón para
que se la des. Muchas veces, la ayuda acaba perjudicándonos.

La princesa se echó las manos a la cabeza ya que el dolor
era insoportable. Vicky estaba alterándose por momentos.

—Pero *tenemos* que ayudar al príncipe —dejó escapar
Vicky—, si Victoria pudiera descubrir qué es lo que estamos
haciendo mal, empezaríamos a hacerlo bien y todo volvería a
ser perfecto.

—¡Vaya, vaya!, pero si es la pequeña Vicky —dijo Doc—,
¡hola!

—¿Cómo sabes lo de Vicky? —le preguntó Victoria—,
los pájaros no pueden haberte dicho *eso*.

—Los búhos sabemos muchas cosas, somos muy sabios.

—Casi siempre Vicky habla conmigo, pero a veces levan-
ta tanto la voz que los demás pueden oírla. Por supuesto,
creen que soy yo y en algunas ocasiones así es. Bueno, Vicky

soy *yo*... quiero decir... las dos somos una y a veces me cuesta trabajo distinguir quién es quién. De todas formas, resulta muy difícil explicarlo.

—No es necesario que lo hagas, princesa —le contestó Doc—, todo el mundo tiene un compañero como Vicky. El *New Kingdom Journal of Medicine for Doctors of the Heart (Nuevo periódico médico del reino para doctores del corazón)* ha publicado numerosos artículos explicando el fenómeno.

—¿De verdad? Creía que era la única que...

—Tal vez lo discutamos en otra ocasión, pero ahora mismo debemos concentrarnos en el problema que nos ocupa. Tanto Vicky como tú necesitáis escuchar con atención.

—Yo lo haré pero creo que Vicky no —dijo Victoria—, pues escuchar, sobre todo cuando está enfadada, no es algo que domine muy bien.

—Ya veremos. Ven a sentarte aquí —contestó Doc, señalando con las alas y diciéndole a continuación—: lo que has hecho mal es creer que podías haber atraído al espíritu maligno y que, encontrando el antídoto mágico, conseguirías hacerlo desaparecer.

—¡Sí, sí, así es! —gritó Vicky—, ¡necesitamos un antídoto mágico! Pero Victoria no da con la fórmula aunque se le dé muy bien resolver todo tipo de cosas.

—Eso es porque la única persona que puede hacer magia *en* el príncipe, *es* el príncipe mismo, —dijo Doc.

—Pues eso es imposible porque no puede —dijo Victoria—; ya lo ha intentado.

—Sí, sí que *puede* —replicó Doc—, pero tu felicidad no depende de si *puede* o no.

—Sí, toda, —contestó Vicky.

—No tiene por qué.

—¿Qué hacemos entonces?, —preguntó Victoria.

—Lo que ya te he sugerido antes: no hacer nada. Al menos, nada que tenga que ver con el príncipe y con el espíritu. Puedes, sin embargo, hacer algo por ti. A decir verdad, hay muchas cosas que puedes hacer por ti.

La princesa miró a Doc de forma suplicante, sus ojos estaban llenos de lágrimas.

—No puedo hacer nada más. Estoy muy enferma y cansada. Tú eres médico, ¿no puedes ayudarme?

—Sí, por supuesto, —le contestó el búho mientras abría la bolsa negra y sacaba su cuaderno de recetas. Hizo unos cuantos garabatos en una de ellas con una pluma doblada, arrancó la hoja y se la entregó a la princesa y, aunque las lágrimas apenas le dejaban ver, intentó leer lo que había escrito:

«Nombre: *Princesa Victoria*. Dirección: *Palacio Real*. RECETA: *"La Verdad es la Mejor Medicina. - Toma toda la que puedas tantas veces como te sea posible."* DOSIS: *Sin límite*. FIRMADO: *Henry Herbert Hoot, D. C.*»

—¿La verdad es una medicina?, —preguntó la princesa.

—Sí, la más eficaz y poderosa de todo el universo. Es la única que puede ayudarte.

—¿Cómo puedo encontrar esta verdad?

—Comienza con esto.

Le contestó Doc volviendo a abrir su bolso negro y sacando de él un librillo con una hermosa rosa roja impresa en la cubierta que depositó en las manos de la princesa quien, a su vez, leyó la inscripción dorada:

«*Guía para vivir siempre feliz. Para princesas que están enfermas y cansadas de estar enfermas y cansadas* - (Henry Herbert Hoot, D. C.)»

—Eso es todo lo que quiero... ¡vivir siempre feliz!, —dijo la princesa estrechando el libro contra su pecho.

—Recuerda que leer el libro es sólo el comienzo —le dijo

Doc—, pues para que cambien las *cosas*, debes cambiar *tú* primero.

—¿*Yo*? —le preguntó Victoria—. Es el *príncipe* el que tiene que cambiar.

—Eso sólo depende de él, y debes de tener esto muy presente.

—Pero, es más fácil que cambie si lee este libro —dijo Vicky sin gran confianza—. Victoria podría subrayarle los párrafos más importantes en rojo para que...

—Si sigues haciendo lo que siempre has hecho no conseguirás más de lo que has conseguido hasta ahora —le dijo Doc—; deja de hacer lo que no da resultado.

—Pero, ¡nosotras sabemos lo que le conviene al príncipe mejor que nadie!, —contestó con furia Vicky.

—Debes elegir ser *feliz* antes que *hacer lo conveniente*.

—¿*Elegirlo*?, —preguntó Victoria.

—Sí, la felicidad es una elección.

—En estos momentos no puedo pensar ni siquiera en la posibilidad de ser feliz —dijo la princesa—, pero haría cualquier cosa por encontrar la paz y la tranquilidad.

—Si eso es así, princesa... si lo dices de verdad... lo conseguirás ya que vas por buen camino. Pero debes comenzar desde el principio, así que vete ahora a leer el libro.

—Pero, Doc...

—Lee el libro —le contestó Doc con dulzura—, y después hablaremos.

—¿Estás seguro de que vas a estar aquí cuando lo termine?

—Tan seguro como pueda estarlo de cualquier otra cosa, princesa. Hice la promesa de ayudar en la vida a los demás.

—Estoy muy contenta de que hayamos vuelto a vernos, —dijo Victoria dándole un abrazo cariñoso.

Con el corazón lleno de esperanza, la princesa se dio media vuelta y se dirigió a palacio apretando todavía el libro contra su pecho. Quedaba mucho antes de llegar a la paz de su habitación, así que comenzó a leer.

Mientras caminaba por el vestíbulo apareció el rey agitando un sobre con la mano.

—Ahora mismo lo acaba de traer para ti un mensajero.

La princesa leyó su nombre en el dorso escrito con la letra del príncipe, y la tristeza se apoderó de ella mientras lo abría y leía el mensaje:

> *Las rosas son rojas,*
> *Las violetas son azul turquesa,*
> *Ven pronto a casa,*
> *Lo conseguiremos, princesa.*

La princesa subió corriendo a su habitación y recogió sus cosas con rapidez, metiéndolas en su bolso de fin de semana de cachemir dejando el libro para el final. Luego, volvió a bajar deprisa las escaleras y les dijo al rey y a la reina que se iba a casa pero que no se preocupasen. Por un instante pensó en decirles que estaba recibiendo la ayuda de un especialista en los asuntos del corazón, pero renunció a ello recordando la forma en que había reaccionado la reina la última vez que intentó hablarle de Doc.

Mientras el carruaje se iba alejando de palacio, la princesa abrió su bolso, sacó la *Guía para vivir siempre feliz* y comenzó a leerla con gran ilusión.

—¿Cuándo fue la última vez que te miraste al espejo y te dieron ganas de bailar? —leyó en las primeras líneas—, ¿la última vez que con tu canción invitaste a los pájaros a unirse a tu canto?, ¿ y la última vez que un jarrón de rosas rojas te colmó de dicha?

Las palabras comenzaron a borrarse, pues sus ojos se llenaron de lágrimas. «¿*La última vez...*?»

No podía acordarse.

CAPÍTULO

9

Una guía para vivir siempre feliz

TAN concentrada estaba la princesa en su *Guía para vivir siempre feliz* que, para ella, sólo habían pasado unos segundos cuando se detuvo su carruaje a la puerta del palacio. Incapaz casi de apartar los ojos de la página que leía, descendió del carruaje y caminó hasta la puerta principal con el libro en la mano, marcando con el dedo la página en la que se había quedado.

El cochero dejó su bolso en el palacio al lado de la puerta principal. Guiada por la inconfundible fragancia de rosas del vestíbulo, la princesa levantó la vista hacia los jarrones de cristal tallados a mano que descansaban sobre los blancos pedestales de mármol dispuestos a ambos lados de la entrada. Era cierto, los jarrones estaban llenos de docenas de rosas rojas frescas.

—¡Mira!, ¡Nos ha cogido rosas, Victoria! —dijo Vicky—, ya se está recuperando.

—Quizás, Vicky. Pero también es probable que las haya

cogido porque tiene miedo de que le dejemos. Ya sabes que siempre se porta así de encantador cuando cree que le vamos a abandonar, pero no dura mucho.

—¡A-ha!, todavía nos quiere y las rosas lo demuestran.

—No quiero hablar de eso ahora, Vicky, —le dijo Victoria que sólo quería volver a leer el libro.

Aliviada, pues parecía que el príncipe no estaba en casa, subió corriendo las escaleras hasta el dormitorio principal y se tumbó en la gran cama de bronce. El olor de las rosas le hizo mirar hacia el jarrón que estaba encima del tocador ya que, al igual que el resto, había sido adornado con rosas rojas.

Asimismo, deseando que Vicky no empezara de nuevo a hablar, la princesa abrió el libro por donde lo había dejado y leyó durante un buen rato identificándose en cada página... algo que a Vicky le pareció tan lamentable que le hizo interrumpir su propio pensamiento.

—¡Todo eso no es más que una sarta de estupideces! Sería mejor que tiraras el libro y te olvidaras de todas esas ideas tan absurdas de Doc, ya que sólo van a conseguir que tengamos más problemas con el príncipe. ¡Lo sé, lo sé!

—¿Qué nos queda por hacer? —preguntó Victoria—, ya hemos probado con todo lo que se nos ha ocurrido y no ha funcionado. Seguir el consejo de Doc es nuestra única esperanza, además es un sabio, Vicky, *es* un especialista.

Desde ese mismo día, la princesa se llevaba el libro de Doc a todas partes para poder leer una página aquí y un párrafo allá a la mínima ocasión. Era como si la *Guía para vivir siempre feliz* hubiera sido escrita sólo para ella. Subrayaba en rojo los pasajes más importantes, aunque tan acostumbrada estaba a hacerlo para el príncipe que, muchas veces, debía recordar que ahora lo estaba haciendo para ella. Repasaba los párrafos señalados, sobre todo cuando el *Señor Escondido* comenzaba uno de sus discursos injuriosos.

—Las palabras pueden hacer tanto daño como los puños. Debes mantenerte alejada —decía el capítulo tercero— de las discusiones acaloradas y de los silencios cortantes. —La princesa sabía que era una gran verdad, pues sus propias heridas, aunque no fuesen visibles, eran una prueba de ello.

La lectura del libro no resultó una tarea fácil ya que, en ocasiones, tenía que leer la misma frase cuatro o cinco veces antes de poder entenderla. Asimismo y de forma misteriosa, algunos pasajes desviaban su atención hacia otra cosa y tenía que volver a leerlos varias veces, pero, aún así, con frecuencia al volver la página un minuto más tarde ya no se acordaba de lo que había leído. Nunca le había sucedido nada igual, ni siquiera estudiando para los exámenes finales como alumna de la Universidad Imperial. Pero, claro, en aquel tiempo Vicky no intentaba distraerla siempre.

Ésta dudaba entre echarse a llorar o coger rabietas en su afán por impedir que Victoria siguiera los consejos de Doc.

—¡No me creo las tonterías que aparecen en ese libro tan absurdo y no voy a hacer lo que dice! —dijo a gritos un día Vicky—. No me importa lo que *dice* sobre dejar de jugar con el príncipe y de bailar juntas. Me *encanta* jugar y bailar... ¡ya lo sabes! ¡No voy a dejarlo!

—No lo entiendes, Vicky. No se trata de ese tipo de juegos o de bailes, se trata de...

—Y todas esas ideas tan confusas de cómo no ayudamos al príncipe... igual que el pobre pony tan rechoncho y tan bajito al que ni todos los caballos del rey ni todos sus hombres pudieron ayudar..., de cómo debe solucionarlo él mismo y de qué manera nos comportamos con el rey y la reina, amándoles e hiriéndoles al mismo tiempo y todo lo demás. ¡Me está volviendo loca de verdad!

—Bueno, también a mí me está volviendo loca algo, Vicky... ¡tú! Estoy intentando con todas mis fuerzas descubrir qué es lo que me está pasando, cuál es el motivo y qué tengo que hacer, y no puedo lograrlo si, a la vez, tengo que pelear contigo», dijo Victoria fijando la vista de nuevo en el libro. Sin embargo, después de discutir con Vicky le costaba mucho volver a concentrarse.

El no hacer *nada* con respecto al príncipe resultó mucho más difícil que hacer *algo*. La princesa se metió las manos en los bolsillos de la falda para acordarse de su nueva táctica de no intervenir. Asimismo, se imaginaba que tenía la boca tapada con esparadrapo siempre que necesitaba recordar que no debía decir nada.

A menudo se repetía las palabras de Doc: *para que cambien las cosas, debes cambiar tú primero,* esforzándose al máximo por conseguirlo. Poco tiempo después, dejó de ayudar al príncipe a liberarse del espíritu maligno, de explicar y de razonar con él a cada momento del día.

Más aún, dejó de preocuparse por el ánimo con el que volvería el príncipe a casa tras un día de trabajo. Ya no siguió planeando lo que debía decir ni hacer si él decía esto o aquello ni puso especial cuidado en no decir, hacer, pensar o sentir cualquier cosa que pudiera molestarle. Pero, descubrió que no *hacer nada* ni *decir nada*, por muy difícil que resultase, era mucho más fácil que no *pensar en nada*. Por ello, y a pesar de los esfuerzos por eliminarlos, los pensamientos negativos siguieron apareciendo sin cesar en su mente.

Su mente, por desgracia, estaba saturada, pero el resto de su cuerpo estaba vacío. De hecho, en su vida y en ella misma había un gran vacío y nada parecía poder llenarlo. Conforme pasaba el tiempo, cada momento vacío pesaba más en sus manos... en su mente... y en su corazón.

Retomó la *Guía para vivir siempre feliz* con el fin de seguir sus consejos. En el libro se afirmaba que era normal que una persona que cambiaba de trabajo se sintiera completa y, a la vez, vacía, y sugería sustituir el trabajo anterior de atender al príncipe por nuevas actividades que acapararan su propio interés.

La princesa recordó que su mente y sus manos habían estado muy ocupadas la época en que se dedicó a recoger recetas para su libro, y decidió volver a cocinar. Se dedicó a ello con gran afán desde la mañana hasta la noche pero, salvo algunos pequeños respiros, los azarosos pensamientos persistieron y se volvió a sentir tan vacía como antes.

Pensaba que, tal vez, dedicarse a las rosas le haría sentirse mejor, y comenzó a trabajar en el jardín desde el alba hasta el anochecer. Pero esto le deprimió todavía más pues las rosas le seguían recordando al príncipe.

En cierta ocasión, permaneció en la cama durante algunos días tomando el remedio curativo que el jefe de médicos de palacio le había preparado, pero tampoco funcionó.

Decidió intentar algo nuevo y, tras largas reflexiones, elaboró una nueva lista de actividades que podrían funcionar mejor que las que ya había intentado. La idea más atractiva de la lista era «Ir de compras» pues había oído que hacía milagros en la gente y que, sobre todo, era lo más indicado para llenar las horas vacías y aliviar a las mentes saturadas.

A la mañana siguiente y antes de que abrieran, la princesa ya estaba esperando delante de la puerta de los grandes almacenes más antiguos del reino. Una vez dentro, se dirigió a la sección de retales, eligió unos cuantos rollos de tela y pidió que se los cortaran en varias piezas que, siguiendo sus planes, llevaría a la modista real, pero tan concentrada estaba en sus compras que parecía no salir nunca de allí.

A la hora de cerrar, la princesa iba cargada con bolsas llenas de sombreros, flores por todas partes y guantes de raso, de cuero y de lana de varios colores. También había comprado baratijas de todas las formas y tamaños, varios pares de zapatos y bolsos haciendo juego, pero eran tantos que necesitó a tres dependientes y a su cochero para meterlos en el carruaje.

Así pues, se dedicó a comprar desde que abrían hasta que cerraban todos los días, llevándose a casa tantas cosas que los armarios estaban abarrotados. De hecho, dos de ellos no se podían ni siquiera cerrar hasta que, por fin, convirtió una de las habitaciones de invitados en un nuevo ropero que en seguida llenó también.

—¿Te vas de viaje, Victoria? —le preguntó la reina un día que fue a hacerle una corta visita—; ¡hay más ropa aquí que en los grandes almacenes del reino! ¿Cómo te las vas a arreglar para ponértelo todo?

La princesa sabía que no se lo pondría todo pero eso no la detuvo; siguió comprando más cosas, y su vacío interior se fue haciendo cada vez mayor. Día tras día compraba hasta caerse rendida. De forma accidental, una noche se quedó dentro de los grandes almacenes cuando cerraron... y no le importó mucho. Sin embargo, en ese momento se dio cuenta de que su vida era insignificante e improductiva y de que *ella* misma se había convertido en una persona débil, carente de ilusiones.

Al día siguiente buscó con gran desesperación en las páginas de la *Guía para vivir siempre feliz* algo que le dijera lo que debía hacer, y pronto lo encontró: «*Elimina* los pensamientos y los sentimientos negativos escribiéndolos en un papel.»

La princesa cogió la pluma y el pergamino, y se sentó en su tocador dispuesta a escribir, pero se le quedó la mente en blanco pues su dolor estaba tan arraigado que no podía dejarlo salir. Extendió la mano y colocó cerca de ella la cajita de música, recordando las horas que había pasado soñando mientras la escuchaba. Giró la llave y la elegante pareja comenzó a bailar siguiendo la melodía de «*Algún día llegará mi príncipe*».

Mientras escuchaba el campanilleo de su canción favorita, ese dolor tan profundo comenzó a desbloquearse y, cogiendo de nuevo la pluma, fue liberando y exteriorizando su agonía, escribiendo en un pergamino tras otro todo su dolor y vertiendo, a la vez, tantas lágrimas que la tinta dibujaba pequeños riachuelos que recorrían el papel hasta llegar a los márgenes.

A partir de entonces, la princesa leía cada día reflexionando sobre los párrafos de *Una guía para vivir siempre feliz*. Con el tiempo descubrió que, a menudo, abría el libro por una página al azar y encontraba en ella la información que necesitaba justo en ese momento, como si estuviera allí para ayudarla.

—La felicidad es una elección», leyó en cierta ocasión. La princesa pensó en ello, recordando que Doc le había dicho lo mismo y, sin embargo, la felicidad parecía tan lejana, tan inalcanzable...

Continuó leyendo: «Una vez que se ha hecho la elección, debes practicar la felicidad lo mejor que sepas, aunque tengas que fingir hasta que lo consigas», y seguía explicando de qué forma las acciones originan pensamientos, y éstos a su vez, condicionan nuestros sentimientos.

Mientras meditaba con gran interés en todo lo que había leído, tuvo una idea; rompió su antigua lista de actividades y escribió una nueva. En primer lugar, anotó de forma resumida todas las responsabilidades reales que había abandonado desde el mismo momento en el que se había dedicado a ayudar al príncipe. Se ofreció voluntaria para dirigir la representación anual infantil en el Orfanato Soberano y se matriculó en el curso de diseño floral de la Universidad Imperial. La mayor parte del tiempo se obligaba a asistir a estas clases y, una vez allí, practicaba al máximo su habilidad para sonreír ante los demás aunque no tuviera ganas, repitiéndose a sí misma «finge hasta que lo consigas».

Muy pronto, la princesa comenzó a preparar de nuevo algunas de sus recetas favoritas, esforzándose al máximo por disfrutar mientras las saboreaba aunque el *Señor Escondido* fuese a cenar dispuesto a amargárselas.

Poco a poco fue empleando menos tiempo en hacer las cosas con sumo cuidado temiendo que algo fallara, y más en pensar en otras cosas que no fueran ella misma ni lo mal que se sentía.

Una tarde, mientras preparaba los ingredientes para sus fettuccine con brécol y salsa de pistacho, reconoció un sonido muy agradable que hacía mucho tiempo que no oía... su propia voz tarareando una canción.

Luego, mientras pelaba los pistachos, volvió a cantar para gran sorpresa suya. De repente, un rechoncho pajarito azul entró volando por una ventana pero equivocó su vuelo y fue a parar justo a los pistachos.

—¡*Tú* otra vez no! —dijo la princesa riéndose, levantando al avergonzado pajarillo y quitándole de las patas las migajas de pistacho como la vez anterior—. Seguro que son los pistachos los que se han puesto en tu camino, ¿no, mi travieso amiguito? —Asimismo, mirándole fijamente, le preguntó—: ¿Has venido para cantar conmigo?... bueno, entonces, ¡cantemos!

Así pues, la princesa comenzó a cantar y muy pronto se unieron a ella más amiguitos alados. La cocina cobró vida con sus melódicos gorjeos y, mientras el dulce sonido de su canto se extendía por toda la habitación, se dio cuenta de lo mucho que lo había echado de menos.

Y, poco a poco, la princesa se fue ocupando más de sí misma. Pero cuanto más se dedicaba a ello e impedía que las injurias del príncipe le afectaran, más lograba hacerle enfadar.

—Ya no me amas, —le gritó un día desde la puerta del comedor mientras la princesa recortaba las recetas de la sección gastronómica del *Kingdom Times*.

En esos momentos, recordó que debía guardar la calma pues sabía muy bien que si se dejaba arrastrar hacia un combate verbal se sentiría igual que si hubiera sido arrollada por un carruaje.

—¡Oh, lamento que te sientas así!, —le contestó siguiendo el tono neutral sugerido por *Una guía para vivir siempre feliz*.

—¡Oh, oh! —repitió el príncipe imitándola mientras se acercaba a ella—, ¿eso es todo lo que tienes que decir? ¡Antes solías decir mucho más!

—No quiero discutir contigo, —se atrevió a contestar la princesa.

—¿Por qué no, *Señorita perfecta*?, ¿tienes miedo de perder?

—¿Cómo hemos podido llegar a esto? —dijo la princesa y, aunque ya sabía la respuesta, no pudo evitar preguntarle una vez más—: ¿desde cuándo me he convertido en tu enemigo?

—No lo sé. Tal vez desde el día en que comenzaste a ayudarme.

—Pero tú me lo pediste, me lo suplicaste...

—¡No, no lo hice! Nunca he querido ni he pedido tu ayuda.

De nuevo, el habitual y azaroso desconcierto volvió a cogerla de improviso.

—Dices que has estado ayudándome, ¿a qué?, a cambiar, porque lo que soy no es bastante para ti.

—Eso no es justo —se oyó decir a sí misma un tanto desconcertada—. Te amo y te echo de menos. Quiero que vuelvas, que volvamos los *dos*. No tengo la menor idea de lo que está pasando. Dime, ¿qué tengo que hacer para que me creas?

—No me amas. Es posible que nunca lo hayas hecho pues el príncipe que tú querías está en tus sueños y no se corresponde con el que tienes.

—Pero *sí* que lo tuve y eras *tú*. Eras todo lo que deseaba que fuera mi príncipe hasta que el espíritu maligno se apoderó de ti.

—¡No me estás escuchando! Te acabo de decir que el príncipe está muerto. Pero te niegas a creerlo.

—No puedo evitarlo, sé que todavía está ahí pues en algunos momentos aún puedo verlo y sentirlo.

—Siempre has tenido problemas para creer la verdad, pero esta vez la puedes comprobar con tus propios ojos. Mírame —le pidió el príncipe cogiendo con fuerza la barbilla de la princesa y colocándola hacia él—, mira con atención. Lo que ves es lo que tienes y es obvio que no lo quieres. Ni me *amas* ni puedes *soportar*me. Pues bien, tengo que darte una noticia: yo tampoco te aguanto y, ahora, ¿qué opinas de esto, princesa tiquismiquis, señorita pesada...?

—¡Para, para!, —gritó Vicky.

No cesaba de darle vueltas la cabeza... «Doc, tengo que ver a Doc», pensó la princesa.

Se apoyó con fuerza en el brazo del sofá para levantarse y se dirigió, aturdida, hacia la puerta del comedor, pero el príncipe llegó antes y le impidió pasar.

—¿A dónde te crees que vas?, —le preguntó gritando.

Su corazón latía con gran rapidez:

—No... no lo sé... sólo quiero salir... quiero decir...

—No he terminado contigo todavía.

—Ya he oído bastante. Ya no... no aguanto más.

—*Yo* decidiré cuándo has oído bastante, —le dijo cogiéndola del brazo.

—Déjame, me haces daño... ¡déjame!

El príncipe apretó los dientes y la miró agarrándola con más fuerza del brazo.

—¡Por favor, suéltame!, —gritó la princesa intentando liberarse de esas garras de hierro.

De repente, el príncipe le soltó el brazo y la princesa cayó al suelo:

—¿Quieres irte?, ¡pues vete!

Le costó un gran esfuerzo levantarse, pues primero tuvo que luchar con los pliegues enredados de la falda, pero una vez de pie, se marchó de la habitación y cruzó corriendo el gran vestíbulo dirigiéndose a la puerta principal del palacio mientras el príncipe gritaba a sus espaldas:

—Tú y tus *grandes* sueños. ¡No *mereces* vivir siempre feliz!, ¿me oyes?, ¡no te lo mereces!

TERCERA PARTE

CAPÍTULO

10

El camino de la Verdad

MIENTRAS esperaba su carruaje, la voz de Vicky estalló dentro de su cabeza: «No quiero ir a ver a Doc. Ya te dije que ese médico charlatán y su estúpido libro serían nuestra ruina. ¡El príncipe nos odia!, ¡nos odia!, ¡y todo es por tu culpa!»

Victoria no tenía fuerzas para discutir, hundió la cabeza en su regazo para no escuchar lo que Vicky le estaba diciendo mientras el carruaje la llevaba lejos de allí. «Menos mal que Doc sabrá lo que tengo que hacer», pensó la princesa.

El viaje fue rápido y, al llegar a la colina, dio instrucciones al cochero para que parara ahí. Luego, siguió a pie hasta el árbol intentando ignorar el incesante murmullo interior.

—Doc... Doc... ¿dónde estás? Por favor, te necesito, —decía llorando la princesa mientras miraba a su alrededor. Al no ver al búho por ninguna parte, comenzó a temblar—. ¿Y si no lo encuentro que pasará?, ¿qué haré?, —se preguntaba.

—Doc, te necesito ahora mismo. ¡En este mismo instante, por favor!

—La impaciencia, mi querida princesa, sólo es la ignorancia de lo que se supone que está ocurriendo en este preciso momento, —le dijo Doc saliendo de la nada.

—¡Oh Doc, menos mal que estás aquí! ¡Gracias a Dios! No sé qué hacer, nada funciona... quiero decir que nada está dando resultado... ¡Oh Doc, lo llevo intentando desde hace tanto tiempo... ¿de qué me sirve? Me rindo.

—Es mejor *ceder* que *rendirse*.

—¿Qué significa?, —le preguntó la princesa.

—Uno se rinde ante la desesperación y cede a la aceptación.

—¿Aceptación?».

—Sí, la aceptación de las cosas que no se pueden cambiar.

Victoria lo meditó durante un rato:

—¿Quieres decir que la única elección que tengo es aceptar al príncipe y todas las cosas desagradables que dice y hace que, a la vez, me hacen siempre temblar, enfadarme y llorar?

—Uno siempre elige —contestó Doc—, pero cambiar a los demás no es una elección.

—Ahora ya lo sé pero, ¿qué otras posibilidades tengo?, —preguntó la princesa.

—Puedes elegir no reaccionar ante lo que dice o hace. Vivir lo mejor que sepas y tan feliz como te sea posible, aceptando que, con toda seguridad, va a seguir diciendo y haciendo lo mismo.

—A eso me he dedicado desde que me aconsejaste que no hiciera nada y me diste la *Guía para vivir siempre feliz*. Pero no puedo cumplirlo siempre, aunque me meta las manos en los bolsillos para acordarme de mi nueva táctica de no discutir con el príncipe y me imagine que tengo la boca tapada con esparadrapo para estar callada. Una enorme nube negra se cierne siempre sobre mi cabeza... incluso cuando me ocupo de mis responsabilidades reales, dirijo las representaciones de los niños del orfanato, distribuyo las flores en la clase de la universidad o cocino una de mis recetas favoritas —dijo suspirando la princesa—. Por lo tanto, ¿qué más posibilidades tengo?

—Puedes elegir no estar en el mismo sitio que esté el príncipe.

—¿Me estás diciendo que debería dejarlo?

—No te estoy sugiriendo nada, pero *es* una de las elecciones que tienes.

Vicky no podía quedarse callada ni un segundo más. Su voz irrumpió con estruendo en la mente de Victoria: «¡Nunca dejaré al príncipe ni me rendiré ni cederé o como quiera que lo llames! ¡Nunca!, ¿me oyes?»

—¡Vicky, por favor! Ya no puedo soportarlo más —gritó Victoria alzando las manos—. Quiero que te vayas.

—No se puede huir de los problemas al igual que no podemos deshacernos de nuestra propia sombra. Huir *de algo* no es la solución, sólo podemos ir *hacia*, —dijo Doc.

—Todo es muy confuso. Nada es como creía, toda mi vida se está resquebrajando y no tengo la fuerza necesaria para impedirlo, —dijo la princesa bajando la cabeza y guardando silencio.

—Has demostrado una gran entereza al pasar por todo lo que has pasado.

—No me siento con fuerzas. Estoy cansada aunque aún tiemblo, me enfado y...

—Y seguirás sintiéndote agotada, nerviosa y enfadada hasta que decidas si quieres quedarte o marcharte y consigas estar en paz con la elección que hayas tomado.

Victoria pensó en lo que le acababa de decir y respondió:

—Siempre que tengo que tomar una decisión importante, cojo...

—Sí, ya lo sé, —le contestó Doc sacando de su bolso la pluma y un pergamino.

La princesa escribió en el margen superior izquierdo: «A favor, para quedarme» y, en el derecho: «En contra». Se quedó mirándolo a cierta distancia, pensando en ello por un momento. Luego, la pluma comenzó a deslizarse por el pergamino.

—Escribe que el príncipe trabaja mucho en la embajada —le pidió Vicky—, que viene directo a casa todas las noches, que es apuesto, encantador, divertido y un experto en arreglar cosas. Anota también que siempre nos trae sopa de pollo cuando estamos enfermas, que nos dice que somos las más bellas y que nos coge unas rosas muy hermosas. ¡Ah!, no te olvides de escribir que nos...

—¡Vicky, por favor! No puedo pensar si me hablas tan deprisa.

—Entonces, deja ya de exagerar todo lo que hay de malo en él. Apuesto a que muchos príncipes son peores aún y, además, no es *tan* malo. Puedo aguantarlo si lo haces tú.

—Es cierto. El príncipe tiene muchas cualidades positivas, —dijo Victoria desplazando la pluma a la lista de las razones para quedarse. Pero, muy pronto, la lista de factores en contra comenzó a crecer. Cuanto más aumentaba, más pánico sentía Vicky.

—Estás cometiendo un grave error, Victoria. ¿Cómo sabes que nos irá mejor con cualquier otro príncipe? Podemos pasarnos toda la vida sin encontrar uno que nos ame, nos quedaremos solas para siempre. ¡Y todo será por tu culpa!, —protestó Vicky.

Unos minutos más tarde, Victoria levantó la vista del pergamino mientras las lágrimas corrían por sus mejillas.

—Pero Doc, todavía le amo —dijo—, aunque la lista de

los factores en contra sea mucho más larga que la otra. Y sé que él me ama también, al menos el príncipe real... el *Doctor Risitas* sí y de todo corazón. ¿Cómo voy a ser capaz de dejarlo?

—El amor le hace a uno sentirse bien —dijo Doc—. Si no es así, no es amor.

—Pero, *parece* amor.

—Si sientes dolor muchas más veces que felicidad, no es amor. Es algo más que te obliga a estar encerrada en tu propia cárcel, incapaz de ver que la puerta hacia la libertad está delante de ti abierta de par en par.

Cuanto más pensaba la princesa en la idea de dejar al príncipe, más poderosa era la fuerza que le empujaba hacia él. Sin embargo, sabía que, sintiera amor o no, si le seguía dando tanto poder se vería de nuevo en una cárcel presa de un dolor insoportable. Se sentó mordiéndose el labio, luchando por no dejarse arrastrar por ese sentimiento destructivo que debía vencer y anular.

Por fin, se volvió hacia Doc que aguardaba en silencio esperando su decisión. La princesa dijo con voz temblorosa:

—Sé que debo irme pero, ¿a dónde voy?

—Seguirás por el camino de la Verdad.

—¿Significa eso que ya estoy en él?

—Sí, desde el mismo instante en el que te di la receta y comenzaste a leer el libro.

—¿Por qué no vi el camino?

—Estaba allí pero, con frecuencia, uno se da cuenta cuando lleva un largo trecho recorrido. Uno no ve lo que no está dispuesto a ver.

—Bueno, ya he aprendido algunas cosas sobre la verdad —dijo la princesa en voz baja—. Significa que los cuentos de hadas no se hacen realidad y que la idea de vivir siempre feliz no es más que un sueño infantil.

—Todo lo contrario, princesa. Los cuentos de hadas *se*

hacen realidad —dijo Doc— pero, en muchas ocasiones, son diferentes de los que nos imaginamos. En el camino te aguarda tu final feliz.

—¿De verdad? —preguntó la princesa con ojos brillantes—, ¿un cuento de hadas *diferente*?.

Nunca pensó en la posibilidad de vivir feliz para siempre sin ser antes rescatada por un príncipe azul, valiente y apuesto, montado en un gran caballo blanco, que la recogería al instante e iría con ella a ver la puesta de sol. Victoria suspiró y dijo:

—Pero ya me aguardaba antes la felicidad y mira a dónde me ha llevado.

—Te ha traído al lugar en el que estás ahora.

—¿Qué hay de bueno en ello?, —preguntó Victoria.

—Encontrarás la respuesta a lo largo del camino.

—No quiero ir sola —dijo la princesa mostrando sus dudas—. ¿Puedes mostrarme el camino?

—Lo haría si pudiera, princesa —contestó Doc con suma amabilidad—. Pero cada uno debe encontrar su propio camino.

—Tengo miedo de perderme, —dijo Victoria.

—No serías la primera, pero no temas, tu corazón sabe cuál es el camino.

—Mi corazón quiere que vuelva a casa. En realidad, no estoy segura de que tenga mucho sentido todo esto.

—La verdad da sentido a todo.

—Eres muy sabio, Doc. Debes saberlo todo sobre la verdad. ¿Por qué no me lo cuentas para no tener que ir en su busca?

—Nunca se puede aprender la verdad en boca de los demás. Cada uno debe descubrirla por sí mismo.

—De acuerdo —dijo la princesa con tristeza—. Creo que voy a ir a casa a coger unas cuantas cosas.

—Tienes todo lo que necesitas. Lo que pasa es que no te das cuenta de ello pero, bueno, como quieras. Te esperaré aquí para darte algunas instrucciones de última hora.

—¡No voy a ir a ninguna parte! —gritó Vicky—. No tenemos que dejar al príncipe. Le convenceré de que le amamos y de que le necesitamos; él nos tomará en sus brazos y nos dirá que lo siente mucho, que todo ha sido un grave error. Sus ojos brillarán con más intensidad que antes y sabremos que es por nosotras. Nos cogerá unas rosas rojas preciosas de nuestro jardín y las pondremos en los jarrones para decorar todo el palacio. Todo volverá a ser perfecto. Te prometo que esta vez dará resultado, Victoria. ¡Lo juro y que me muera, beso al...

—¡Oh, Vicky, mi pobre y dulce Vicky! Se acabó, —contestó Victoria haciendo un gran esfuerzo.

—No, no. No se ha terminado, ¡no puede ser! No se va a acabar, *¡nunca!*, ¿me oyes? —gritaba Vicky histérica—. Me *moriría* sin él.

—No, Vicky, te morirías *con* él... y yo también.

Tomada ya la decisión, la princesa se dirigió con paso rápido al carruaje que la estaba esperando y regresó al palacio. Subió la escalera de caracol y entró en el dormitorio principal. A continuación, metió dentro de su bolso de cachemir lo indispensable, así como una copia del *Libro de recetas naturales de la familia real* y también, dada la confianza depositada en él, la *Guía para vivir siempre feliz.*

Envolvió sus valiosas zapatillas de cristal con sus iniciales grabadas en una de sus suaves bufandas de lana, las ató con una cinta para el pelo y las metió en la bolsa. Asimismo, decidió no llevarse la caja de música porque la bolsa pesaba ya mucho y, por otro lado, le había hecho sentirse muy triste en esos últimos días aunque, por alguna razón, no pudo dejarla allí.

Luego, pensando que el Mapa de la familia real podría serle de gran utilidad a lo largo del camino, abrió el ajuar de madera blanca con las rosas talladas a mano en las esquinas y metiendo la mano, fue tanteando hasta que sus dedos tocaron los bordes deshilachados del viejo pergamino enrollado y lo puso en el bolso. En el último momento, se acordó de la receta de Doc y la metió también. Luego, cerró el bolso y recordó que debía pasarse por la cocina antes de salir y coger comida para el viaje. En todo este tiempo, los gritos de Vicky no habían hecho más que aumentar su dolor de cabeza.

La princesa se inclinó hacia la gran cama de bronce sin poder evitar la tentación de pasar su mano por la colcha de raso que tiempo atrás había mojado con sus lágrimas. Recordó también la época en la que el príncipe la rodeaba con sus brazos y le susurraba hermosas palabras de amor. Respiró a fondo, saboreando el aroma de la colonia favorita del príncipe que, todavía, se dejaba sentir en el ambiente. Tan desbordada estaba por sus propias lágrimas, que tuvo miedo de dejarlas salir todas a la vez por temor a ahogarse en ellas.

En ese instante le asaltó la duda.

—Debo hacerlo, —se recordó a sí misma, aunque se oyó como si su voz perteneciera a otra persona. Nada parecía real y, de hecho, albergaba la esperanza de que alguien le despertara de esa pesadilla.

Se dirigió al tocador, abrió el cajón central y se encontró con las notas de agradecimiento en pergamino blanco que le habían sobrado de la boda. Asimismo, sacó del cajón una nota, la abrió y en ella escribió:

> Las rosas son rojas,
> Las violetas azul turquesa.
> Debo dejarte,
> Aunque la tristeza me pesa.

Apoyó la nota en el jarrón de rosas y se dirigió hacia la puerta, pero se detuvo para contemplar por última vez la habitación que durante años había compartido con el príncipe.

104

Por último clavó sus ojos en la nota y en el jarrón de rosas rojas. De hecho, había estado demasiado atareada para darse cuenta de que las flores estaban marchitas y de que los pétalos secos se habían caído y yacían en pequeños montones alrededor del jarrón.

Puso en el suelo el bolso de cachemir y volvió a examinar el tocador. Tenía la garganta seca y las manos le temblaban.

—¡No! —gritó Vicky—. ¡No!

—Las cogimos hace una semana, Vicky —le contestó Victoria—. Se han debido caer los pétalos en estos días.

—¡No!, ¡no los tires! ¡Tal vez revivan!

—¿*Que tal vez revivan*?... ¿es posible?, —se preguntó Victoria.

La princesa suspiró:

—No, Vicky. No van a revivir —contestó con amabilidad—, y nosotras tampoco.

Varias veces, en el carruaje de vuelta al árbol en el que Doc aguardaba, la princesa le había pedido al cochero que diera la vuelta y se dirigiera a casa. Sin embargo, unos segundos más tarde, le volvía a dar instrucciones para que retrocediera y continuara en dirección al árbol.

No era extraño que Victoria dudara de la decisión de irse mientras Vicky la asustaba con sus gritos y desvaríos advirtiéndole que iban a sentirse perdidas y aterrorizadas sin el príncipe, que nadie iba a quererlas ni amarlas de nuevo y que iban a pasar los años tristes y solas para terminar sus días en la más absoluta soledad.

La princesa se apeó del carruaje, cogió su bolso de cachemir y ordenó al cochero que siguiera su camino, temblando mientras lo veía alejarse. Caminó despacio hacia la pequeña colina, afirmando que cada paso que daba la alejaba un poco más de su amado príncipe y de todo lo que había conocido.

Cuando se acercó al árbol, la princesa vio a Doc, que se

había posado en la rama más baja, con el sombrero de paja en la cabeza, tocando el banjo. Pudo oír su voz cantando:

No tengo palacio, no tengo rocín,
Sigo volando mi camino afín.
Árboles verdes y cielos de azul poseo,
Tal vez sean el comienzo de tu paseo.

—Puede que sea *un* comienzo pero me da la impresión de que es mi fin —dijo la princesa mirándolo con tristeza—. Es muy difícil creer que exista algo más que se pueda desear.

—Sí que lo *hay*, princesa —contestó Doc—. Aunque te resulte difícil creerlo ahora, puedes volver a tener ilusión por muchas cosas... pues, cuanto más sufres, más oportunidades tienes.

—¿Oportunidades?, ¿para qué?

—En tu caso, para tener una vida maravillosa. Hoy es el comienzo de la tuya.

—Seguro que no —dijo la princesa—. Además, no quiero, ojalá no tuviera que hacerlo, pero sé que no tengo otra salida.

—La habilidad para hacer lo que *es mejor* aunque no coincida con lo que uno *quiere*, es un signo de madurez —respondió Doc bajando al suelo con rapidez—. Por supuesto, eso no significa que sea menos difícil.

—Creo que será mejor que empiece antes de que cambie de opinión. Ahora bien, ¿cómo puedo seguir por un camino que ni siquiera veo?

—Mira otra vez, princesa, —le sugirió Doc.

La princesa dio un grito de asombro.

—¿De dónde viene? —preguntó señalando al camino que, en un instante, había aparecido delante de ella y cuya superficie rocosa y sinuosa conducía a una montaña escarpada que se perdía en el horizonte—. ¿Por qué no lo he visto antes?

—¿Estabas deseando verlo de verdad?

—No, supongo que no —respondió la princesa contemplando el camino—. No puedo ver dónde termina.

—No tiene fin.

—¿Que no tiene fin? Pero, ¿cómo sabré que voy por buen camino si mis ojos no pueden ver la meta a la que debo llegar?

—Hay unos indicadores. Por desgracia, la gente no los lee siempre. De hecho, a veces son difíciles de ver y, por eso, debes mirar con atención.

—Parece muy difícil —dijo la princesa—. Tal vez tenga un accidente, me pierda o las dos cosas.

—Ya has pasado por ello y sobreviviste. Esta vez también lo superarás.

—No creo que sea lo bastante fuerte para llegar al final de todo esto. Soy demasiado débil para continuar, —dijo la princesa asustándose cada vez más conforme pasaban los minutos.

—Todo lo contrario —le contestó Doc—. Cuanto más andes, mayores serán las oportunidades de hacerte más fuerte. Recuerda lo que te he dicho sobre el dolor y las oportunidades.

—No estoy muy segura de eso. No sabía en lo que me estaba metiendo cuando te dije que lo haría.

—Nadie te ha dicho que llegar hasta la verdad fuera fácil. Necesitarás hacer muchas cosas... serás exploradora, navegante, pionera y demás, pues el camino serpentea por terrenos escabrosos. Todo el mundo sabe que hay muchos obstáculos: baches esperando a algún viajero ignorante, guijarros que se enrollan por los pies y te hacen tambalear, y cantos rodados, algunos del tamaño de una montaña e igual de impenetrables, que bloquean el camino. Así pues, te esperan muchas novedades en el camino de la Verdad, algunas buenas y otras malas.

—Parece el lugar perfecto para ser rescatada —recordó la princesa—. ¿Supongo que mi príncipe no vendrá a salvarme justo en el último momento?

Doc sonrió:

—Mira, ya estás aprendiendo. Ahora debo darte algunas instrucciones de última hora. ¿Estás preparada?

—Supongo que sí.

—Debes seguir el camino independientemente de lo que veas y buscar la verdad que te estará esperando. No dejes que nada te impida encontrar tu verdad sanadora.

—¿Cómo la reconoceré cuando la encuentre?

—La verdad se hace más evidente conforme se avanza por el camino. Síguelo con exactitud y, al final, llegarás al templo de la Verdad donde está el pergamino sagrado.

—¿El templo de la Verdad? Nunca he oído hablar de él, ¿cómo es?, ¿qué es el pergamino sagrado?

—El templo es uno de los lugares más bellos del universo en un sentido más amplio del que puedas imaginar. Una vez que hayas traspasado sus enormes puertas, cambiarás para siempre. El pergamino sagrado purificará tu mente y liberará tu corazón, encontrarás la paz y la serenidad. De hecho, aprenderás el secreto del verdadero amor... el que has estado soñando toda tu vida. Irás por el camino adecuado para hacer realidad tu cuento de hadas.

—¡Oh, Doc! ¡Es lo que más deseo en el mundo!

El búho desplegó sus alas en forma de abanico y dijo:

—Lo conseguirás. Adelante, mi querida princesa, y planta las semillas de la verdad para que crezcan la paz, el amor y la felicidad en tu corazón.

—Espero saber hacerlo —dijo la princesa—. Lo único que he plantado en mi vida han sido rosas.

Victoria cogió su bolso de cachemir y, atenta a los baches, los guijarros, los cantos rodados y demás, fue andando muy despacio por el camino de la Verdad, moviendo la cabeza y diciéndose a sí misma: «No me puedo creer que esté haciendo esto en serio.»

CAPÍTULO

11

El mar de la Emoción

LA PRINCESA caminaba con cautela por el sinuoso sendero con un bolso de cachemir cada vez más pesado. Estaba muy concentrada intentando averiguar lo que había ido mal con el príncipe, preguntándose cuándo había comenzado, cuál podía haber sido la causa, quién tenía la culpa y qué es lo que podría haber dicho o hecho para que las cosas hubieran sido diferentes. La cabeza no dejaba de dolerle y aún así seguía analizando todos esos momentos vividos intentando hallar las respuestas.

En esto estaba cuando tropezó con el tocón[*] de un árbol viejo y quebrado rodeado de pequeños arbustos que parecían estar pidiendo agua con desesperación. Mucho temía la princesa que pronto la necesitaría ella también ya que su escasa provisión de víveres se acabaría enseguida.

—Tal vez moriremos de sed antes de torcernos el tobillo

(*) Parte del tronco que qued aunida a la raíz cuando se corta un árbol por el pie. *(N. del T.)*

en un bache, resbalar sobre unos guijarros o darnos un golpe con un enorme canto rodado, —dijo Vicky que no había dejado de murmurar cosas ininteligibles desde que se habían puesto en camino.

—¡Oh Vicky, por amor de Dios! Lo último que necesito ahora es que empieces a discutir conmigo.

—Bueno, lo que menos deseo *yo* es que vayamos solas por este camino sucio y polvoriento lleno de arbustos medio secos y sin saber siquiera a dónde vamos.

Victoria abrió su bolso de cachemir y rebuscó hasta que encontró el Mapa de la familia real. Le quitó la cinta plateada y, con mucho cuidado, fue desenrollando el frágil pergamino.

—Tal vez nos ayude a encontrar nuestro camino, —afirmó mirando con atención el mapa mientras le daba un mordisco a una de las galletas que se había llevado para el viaje.

—El único *camino* que quiero encontrar es el de vuelta a casa —dejó escapar Vicky—, y más nos valdría regresar pronto antes de que el príncipe encuentre a una nueva princesa a quien amar.

—No puedo hacer nada al respecto, —contestó Victoria mientras su corazón latía con rapidez al pensar en ello.

—Pero debes volver o, de lo contrario, le cogerá las rosas rojas más hermosas que pondrá en jarrones de cristal por todo el palacio, la rodeará con sus fuertes brazos y...

—El príncipe no se comportaría así con nosotras aunque volviéramos a casa, ya lo sabes.

—¿Por qué no puede ser todo igual que antes?, —lamentó Vicky.

—No puede ser, eso es todo.

—Pero los dedos de la nueva princesa acariciarán su hermosa mata de pelo negro... la de *nuestro* príncipe... y su cara se iluminará cuando ella entre en la habitación y sus ojos brillarán... *nuestros* ojos... sólo por ella —dijo quejándose Vic-

ky—. No puedo soportarlo, ¡no puedo! Por favor, por favor...
¡tenemos que volver a casa ahora mismo!».

Victoria se tapó los oídos para no escuchar lo que decía
Vicky pero no pudo evitarlo, y mientras lo oía, alto y claro,
visualizó con toda claridad la imagen de otra princesa abrazando y amando a *su* maravilloso y apuesto príncipe azul.

—No sé qué hacer, Vicky. Ni siquiera soy capaz de descubrir cuál fue el error ni quién tuvo la culpa. Pero lo que sí
sé es que no podemos regresar y tú lo sabes, ¿no?

—Pero no puedo vivir sin él, ¡imposible! —dijo Vicky
gritando—. Es como si alguien nos hubiese cortado los brazos y las piernas.

—¡Lo que dices es horrible! —contestó Victoria para aña-
dir después en un tono más suave—: horrible, pero cierto.
Doc no nos dijo que sería así.

En ese momento, el sol se ocultó entre una gran masa de
nubes densas y negras, y el mundo de Victoria comenzó a des-
moronarse presa de la duda. Se estremeció al sentir la brisa fría
que empezaba a soplar pues no había previsto que hubiese tormenta.

—Sería mejor que buscásemos un lugar para resguardar-
nos», dijo Victoria metiendo deprisa el mapa en la bolsa
mientras comenzaban a caer las primeras gotas.

—¡Mira! —dijo Vicky llorando—. El mundo entero
comparte nuestra pena.

Eso hizo que Victoria comenzara a llorar también. Cuanto más llovía, más lloraban y viceversa. Parecía como si el
mundo estuviera llorando con ellas.

La lluvia y las lágrimas derramadas comenzaron a formar
pequeños charcos que, poco a poco, fueron aumentando de
tamaño. Sin embargo, como seguía lloviendo y la princesa no
dejaba de llorar, los charcos formaron un arroyo continuo de
agua turbulenta, y como la velocidad del agua era cada vez

111

mayor, se transformó en un torrente de tal magnitud que se llevó con él todo lo que no estaba bien sujeto al suelo.

La princesa estaba tan aturdida que no se dio cuenta de lo que estaba sucediendo hasta que un impetuoso golpe de agua la arrastró y la tiró al suelo, sacudiéndola, vapuleándola, apartándola del camino y haciéndola rodar.

—¡Tengo miedo al agua!, —dijo Vicky gritando.

—Ya lo sé —le contestó Victoria—, y es por no haber recibido clases de natación.

—¡Deberías haberlo hecho!

—¡No es momento para hablar de eso ahora!, —gritó Victoria, agarrándose con desesperación a las ramas de los arbustos que pasaban volando por delante de ella.

Pero, a pesar de todos sus esfuerzos, la princesa se vio arrastrada río abajo.

—¡Victoria, cuidado! —, pero fue demasiado tarde ya que en ese momento una gigantesca ola apareció ante ellas—. ¡Genial!, ahora sí que nos hundimos.

La princesa, aterrorizada y sin aliento, se vio empujada hacia el mar de la Emoción. Las piedras afiladas y las ramas rotas de los árboles se arremolinaban a su alrededor en el agua helada mientras luchaba con todas sus fuerzas por mantenerse a flote. Una fuerte corriente submarina tiraba de ella al tiempo que la lluvia golpeaba de forma incesante su cara y su cabeza.

—¡Nos vamos a ahogar, seguro! —gritó Vicky entre tragos de agua salada—. ¡Ojalá estuviera aquí el príncipe para ayudarnos!

La princesa siguió chapoteando y dando patadas en el agua, pidiendo a gritos que alguien la salvara. En ese instante, mientras se volvía a hundir vislumbró algo a lo lejos. «¡Ojalá pudiera llegar hasta allí!», pensó.

Cuando volvió a salir a la superficie, lo vio de nuevo. Parecía un barco dirigiéndose hacia ella. «¡Socorro!, ¡sálveme!», gritó con todas sus fuerzas esperando que la persona que estuviera en el barco tuviera alguna experiencia en rescatar a la gente. Tal vez se tratara de un príncipe azul valiente y apuesto, al que le había sorprendido de forma inesperada la tormenta mientras disfrutaba del crucero o, quizás, fuera un barco de la Marina real del reino.

Siguió pidiendo ayuda pero no recibió ninguna respuesta. Al acercarse al barco descubrió que no había nadie. Asimismo, era mucho más pequeño de lo que le había parecido en un principio... en realidad, era un bote de remos.

Cuando la embarcación llegó a donde estaba ella, trató de aferrarse al bote con fuerza, dar un salto y meterse dentro para estar a salvo, pero apenas tenía fuerzas. «Si pudiera al menos descansar un minuto —pensó—, tal vez recobraría las fuerzas». Acto seguido, se agarró bien, primero con una mano y luego con la otra y, dando un fuerte impulso, ladeó un lado del barco y se dejó caer dentro de él. Exhausta, permaneció un rato en esa misma posición, tumbada en la raquítica embarcación encima de dos viejos remos de madera.

—¡Vaya!, ya creía que nos íbamos a ahogar —dijo Vicky—. ¿Qué hacemos ahora?

—Cuando haya recuperando las fuerzas, utilizaremos estos remos para volver a tierra. Todo lo que tengo que hacer es averiguar el rumbo que debemos tomar.

La princesa se levantó con gran esfuerzo y miró hacia el Norte... —¿o era el Sur?, se preguntó. En realidad, daba lo mismo mientras se dirigieran a tierra. Pero, por mucho que mirara con atención a su alrededor, sólo podía ver el oscuro y turbulento mar.

—Es un paisaje sobrecogedor, —comentó Vicky con voz temblorosa.

—No tengas miedo, todo saldrá bien si logro averiguar la dirección que debemos tomar.

—Tus descubrimientos son los que nos han hecho meternos en este lío. ¡Quiero irme a casa!

—Si no te callas y no me dejas pensar, tal vez perezcamos aquí mismo»

—Te *dije* que nos moriríamos si dejábamos al príncipe —dijo Vicky en tono acusador—. No me hiciste caso y deberías haberlo hecho, Victoria.

—¡Vicky, por favor! No tengo tiempo para esto ahora.

—¡No es justo! De todos los príncipes del reino, ¿por qué *el nuestro* tiene que ser el único que atraiga a un espíritu maligno?

—Sólo puedo pensar en una cosa a la vez, Vicky.

—Prometió amarnos y protegernos toda la vida. Debería haberle obligado a decir: «¡Lo juro y que me muera, beso al lagarto si así fuera!»... ¡rompió su promesa!, es el ser más ruin y mezquino del mundo, y por su culpa hemos tenido que dejarle. ¡Le odio! Nos ha arruinado la vida, ¡no aguanto más!, ¡no puedo más! —exclamó Vicky tirándose al suelo, golpeando la quilla del barco con los pies y con los puños hasta hacerse daño—. Todo nos sale mal, ¡no es justo! y, además, vamos a morir.

—¡Para!, ¡ya vale!, ¿me oyes? —dijo Victoria gritando—. Debes calmarte; además, si sigues dando esos gritos y esos golpes al barco no puedo pensar.

El cielo comenzó a oscurecerse y, un minuto más tarde, parecía como si fuera a partirse en dos. Unas enormes gotas de agua cayeron al mar, y la pequeña embarcación se vio sacudida por las olas mientras la tempestad desencadenaba su furia. La princesa se aferró al bote y, a pesar de la intensidad de la tormenta y de verse zarandeada de acá para allá, tanto ella como el barco seguían a flote. Por dos veces estuvo a punto de caer al agua.

—¡Quiero irme a casa! —le gritó Vicky al viento enfurecido—. ¡Que alguien nos ayude, por favor!, ¡Doc o quien sea! ¡Sácame de esta tormenta, de este bote, y haz que el príncipe vuelva a ser tan encantador como antes!, ¡llévanos a casa y prometo ser mejor aún que antes en todos los sentidos... seré perfecta y haré todo lo que me pidas!, ¡de verdad! Lo juro y que me muera aunque, como verás, tengo las manos ocupadas y, de todas formas, este no parece el mejor momento para desear morir si no lo cumplo.

El suelo del barco se llenó de agua. La princesa comenzó a recogerla con rapidez y a tirarla al mar de nuevo, pero, poco a poco, el agua fue subiendo.

—Yo creía que este barco iba a ser nuestro bote salvavidas, —dijo Victoria.

—Todo es por mi culpa —gritó Vicky—, ya lo sé. Es posible que haya hecho un agujero en el fondo del barco con los puños al comportarme antes de esa forma tan histérica.

—Lo dudo, Vicky. Este barco es viejo y demasiado pequeño para toda esta lluvia y esas olas tan grandes —le contestó Victoria salvando los remos de una nueva crecida de agua—. Vamos a salir de aquí ahora mismo.

—Pero, no sabemos qué camino debemos tomar.

—Cualquiera es mejor que éste, —dijo Victoria comenzando a remar con furia aunque la corriente le arrastraba hacia atrás.

—¡Date prisa!, tenemos que salir de este barco antes de que se hunda.

—¡Lo estoy intentando!, —gritó Victoria.

Anochecía y la princesa seguía empujando y tirando de los remos de forma metódica con todas sus fuerzas aunque le dolieran los brazos. El agua cubría la mitad del bote y Vicky tuvo pánico.

—¿Qué ocurrirá si nos hemos equivocado de camino o si no divisamos tierra independientemente del rumbo que haya-

115

mos tomado o si nos movemos en círculos y no lo sabemos
o si...?

Victoria continuó remando en silencio. A la mañana siguiente, tenía los brazos tan cansados que no pudo más y
soltó los remos.

—Me temo que vamos a hundirnos con el barco.

—No importa —dijo Vicky—. De todas formas, ¿para
qué tenemos que seguir viviendo? Además, ha desaparecido
nuestro bolso de cachemir.

Mientras el bote se iba hundiendo cada vez más en el
agua, Victoria seguía tramando un nuevo plan. «Ojalá tuviera
algo con lo que hacer señales a otro barco», pensó.

—Parece que tienes serios problemas, —le dijo una voz
cercana.

—Sí, y tal y como van las cosas muy pronto estarán por
encima de mi cabeza, —contestó Victoria sin dudarlo.

—Hmm... muy lista —comentó la voz—, y me temo
que también es muy cierto a no ser que hagas algo para salvarte.

—¿Salvarme?, eso mismo es lo que estoy intentando ha...
¡oye!, ¿quién eres tú?, ¿dónde estás? —preguntó la princesa
mirando a su alrededor—. ¡Socorro!, ¡por favor, ayúdame!

De repente, una brillante cabeza gris salió del agua.

—¡Hola! —dijo moviendo sus largas pestañas igual que
su príncipe—. Me llamo Dolly, soy el delfín Dolly y te pre-
guntaría qué tal estás pero adivino que no es un buen momento. Al menos, mantienes los dos remos en el agua, lo cual
es mucho más de lo que puedo decir de los otros viajeros que
me he encontrado por aquí.

—¡Un delfín!, ¡un delfín que habla! Sabía que hablábais
entre vosotros pero no tenía ni idea de... y has venido a rescatar-
me ¡justo en el último momento! Es gracioso porque, de alguna
manera, siempre pensé que sería rescatada por un príncipe.

116

—Nadie puede salvarte, cariño. Ni yo, ni un príncipe ni nadie más. Incluso hay veces en las que hasta una persona que es capaz de resolver problemas intenta esquivar éste.

—¿Me estás diciendo que vas a dejar que me hunda?, —le preguntó la princesa con asombro.

—No, lo que quiero decir es que está en *tu* mano... o bien ahora o la próxima vez, a no ser que aprendas a nadar.

—¿La próxima vez?, ¿qué quieres decir con «la próxima vez»?

—Aunque te sacara de aquí y te llevara sobre mi espalda sana y salva a tierra firme, sería sólo cuestión de tiempo que te volviera a alcanzar otra tormenta y te encontraras de nuevo en peligro sin poder evitarlo, pues hay que vencer muchas tormentas a lo largo del camino.

—Sigo intentando descubrir la manera de no hundirme en *esto*, —dijo Victoria.

—Como ya te he dicho, sólo lo conseguirás si aprendes a nadar.

—Pero Vicky siempre se ha negado a ello.

—Entonces, ¿prefieres pasarte toda la vida intentando no ahogarte, igual que ahora, buscando y esperando que el bote ideal te salve de una vez por todas?

—¡Sí!, ¡sí! ¡Eso es justo lo que necesitamos! —dejó escapar Vicky—. ¿Crees que podrías encontrarnos uno real en seguida?

—Aunque pudiera, es posible que no te sirviera de nada- pues es normal que los botes salvavidas se hundan, —dijo Dolly.

—Se supone que no se hunden —dijo Vicky indignada—, pues ¡deben salvar a la gente!

—Muchas cosas no funcionan como suponemos que deberían. Los botes salvavidas con frecuencia consiguen que la gente a la que se supone que están salvando, se ahogue.

—¿De verdad?—, preguntó Victoria.

—Sí. Cuando viste el bote por primera vez, ¿no creíste que te iba a salvar?, ¿y no resultó ser tan pequeño, tan viejo y tan raquítico que se llenó de agua?

—Me temo que sí, —dijo Vicky entre dientes.

—Y, ¿no te aferras a él con gran desesperación aunque se esté hundiendo y amenace con llevarte con él?

—Supongo, —contestó Vicky de mala gana. De repente, se animó—: ¡Ya sé!, podrías sacarnos de la tormenta ya que los delfines son muy buenos nadadores y tú eres uno de ellos. Además, sois inteligentes y apuesto a que sabes dónde hay tierra firme.

—*Podría*, pero no lo haré.

—¿Por qué no?

—Porque cuando le das un pez a un hombre le estás dando de comer hoy pero cuando le enseñas a pescarlo, le proporcionas alimento para toda la vida.

—¡A quién le interesa ese estúpido hombre y su pez! —dijo Vicky sintiéndose frustrada—. Tienes que ayudarnos a salir de aquí antes de que nos cubra más el agua.

—Sólo os puedo enseñar a ayudaros a vosotras mismas.

—¿Ayudarnos a nosotras mismas?, ¿cómo?

—Saltando del barco, por así decirlo, —respondió el delfín.

—¿Qué significa, Victoria?

—Quiere decir que dejemos el bote.

—¡No lo entiendes! —le gritó Vicky al delfín—, ya te lo hemos dicho, ¡no sabemos nadar!

—Eres *tú* la que no lo entiende. *Sabes* nadar, lo que pasa es que has elegido no hacerlo, pero yo puedo enseñarte.

—Estamos heladas, agotadas y, de todas formas, el mar está muy picado —dijo Vicky con determinación—. Con toda seguridad nos ahogaremos si intentamos aprender ahora.

—Lo que sí es *seguro* es que te hundirás si *no* lo haces ya.

Vicky comenzó a gritar y a aferrarse al barco:

—No, no. ¡No quiero dejar el bote!

—Uno puede sentir que se está ahogando y que todavía sigue vivo. Es importante tenerlo en cuenta, —dijo Dolly.

—Dentro de poco no vamos a estar para recordar nada, —dijo gritando Vicky.

—Algunas personas tienen que llegar a tocar fondo para que quieran aprender a salvarse. Es más, incluso en esos momentos, los hay que siguen sin atreverse a intentarlo. Comenzasteis este viaje para evitar hundiros en un barco que se iba a pique —dijo Dolly—, ¿estáis seguras de que queréis que os ocurra lo mismo en este otro?

—No lo entiendo —contestó Vicky—. No hemos estado antes *en* ningún otro barco.

—Dolly se refiere al príncipe —le aclaró Victoria—. En cierta manera, él era el otro barco y tuvimos que decidir si quedarnos y hundirnos con él o salir de ahí e intentar nadar. Si nos hubiéramos quedado, nos habríamos ahogado muy pronto en nuestras propias lágrimas. De igual forma, si permanecemos en este barco, moriremos en el mar, ¿lo entiendes?

Dolly movió las aletas:

—Sí, a veces debes renunciar a *quedarte* y comenzar a *andar*. Siento meterte prisa, pero el tiempo apremia y te sugiero que tomes ya una decisión».

—Veamos, —dijo Victoria, y comenzó a elaborar en su mente una lista con los pros y los contras aunque se habría sentido mucho mejor si hubiera podido escribir sus ideas. Por fin, haciendo un esfuerzo por mostrarse convincente ante Vicky y Dolly y, a la vez, ante sí misma, anunció—: Elegimos nadar entonces y volvemos a elegirlo ahora.

—Muy bien —dijo Dolly, colocándose cerca del barco y levantando un poco su cuerpo adoptando la forma de una pequeña isla gris—. Sube a bordo y agárrate a mis aletas.

—Si nos soltamos del bote, nos ahogaremos. ¡Lo sé!, —dijo Vicky.

—Llevas ahogándote muchos años y ¡ni siquiera estabas dentro del agua! —le contestó Dolly—. Tienes tanto miedo que aún no te has dado cuenta de que ha amainado la tormenta. La vida no viene con el certificado de garantía. Puedes *aprovechar* una oportunidad o *dejarla* pasar.

Mientras el delfín llevaba en su espalda resbaladiza a la princesa, Vicky comenzó a gritar:

—¡Mira, Victoria!, ¡el barco se está tambaleando!

—Es normal —la tranquilizó Dolly—, es la consecuencia natural de abandonarlo y de seguir hacia adelante.

Vicky se aferró a la aleta del delfín:

—Creí que no nos ibas a sacar de aquí por culpa de ese hombre y de su pez, —le comentó indignada intentado sentarse a horcajadas para no resbalar.

—Voy a demostrarte de manera muy simple la técnica correcta de la natación —le dijo el delfín, deslizándose sin ningún esfuerzo por el mar encrespado—. Pronto te tocará a ti.

—No vayas tan deprisa, —musitó Vicky.

—Nos sentimos muy seguras sobre tu espalda, Dolly.

—La única seguridad que existe es la de saber que uno puede cuidarse de sí mismo —dijo Dolly—. ¿Entendéis ahora por qué debéis aprender a nadar?

—Sí —contestó Victoria—, lo entiendo.

—Bien, las lecciones del mar tienen mucho que enseñar al caminante. Te sugiero que prestes mucha atención.

Dolly redujo la velocidad hasta casi detenerse:

—Triunfarás trabajando en perfecta armonía con las fuerzas naturales. Eso significa actuar conjuntamente con la corriente en vez de luchar contra ella. Vamos, sigue la corriente, únete a ella y entrégate al mar.

—Casi lo hemos conseguido, —comentó Vicky.

—Me complace comprobar que tienes un gran sentido del humor, Vicky —le contestó Dolly con gran placer—. El humor hace que el aprendizaje sea más fácil. Bueno, antes de que podáis nadar, debéis aprender primero a flotar. Es igual que aprender a andar antes que a correr. Fijaos en lo relajado y tranquilo que estoy y en cómo me lleva el agua sin hacer ningún esfuerzo por mi parte. Ahora, tumbaos boca arriba y dejadme que os levante. Voy a sumergirme para que vuestro cuerpo apenas roce la superficie. Estaré justo debajo de vosotras para que no os ahoguéis.

—¿Que nos pongamos de espalda? No seremos capaces de hacerlo, —auguró Vicky.

—El desconfiar de tu capacidad te impedirá avanzar y será la causa de tu fracaso, —le contestó Dolly.

Poco a poco el delfín fue ocultándose bajo el agua mientras la princesa seguía sus instrucciones paso a paso, aunque Vicky comenzó a sentir pánico. En muchas ocasiones, Dolly volvía a la superficie para sacar a la princesa del agua, tranquilizarla y repetir las instrucciones. Pero la decisión de Victoria era tan fuerte como el temor que sentía Vicky, de tal forma que siguió las sugerencias de Dolly aunque Vicky continuara sin colaborar.

—No puedo relajarme, no puedo», insistía Vicky.

—Respira a fondo y expulsa poco a poco el aire, siente cómo tu mente y tu cuerpo se van relajando mientras te dejas llevar por la corriente.

—Pero, ¿cómo se supone que debo relajarme si el mar está agitado y me lleva de acá para allá?

—Mantener la mente tranquila en medio de la turbulencia es una lección difícil de aprender y, a la vez, muy importante. Rara vez se sentirá uno en paz si sólo se practica en mares tranquilos. Concéntrate en lo que *puedes* hacer en vez de prestar atención a lo que *no puedes* conseguir. Ahora, comienza a respirar de forma lenta y profunda —le dijo Dolly con voz relajada—. Siente cómo tu mente y tu cuerpo se relajan.

A pesar de los sabios consejos de Dolly, cada vez que se sumergía en el mar para que la princesa fuera adquiriendo el sentido del equilibrio dentro del agua, Vicky se asustaba y movía los brazos con desesperación, intentando ponerse de pie. Miles de veces Dolly tuvo que recordarle que respirara de forma lenta y profunda, que invitara a su cuerpo y a su mente a relajarse y que se concentrara en lo que era capaz de hacer en vez de pensar en lo contrario.

Poco después, Vicky gritó:

—¡No soy lo bastante fuerte para conseguirlo!

—En la rendición hay una gran fuerza. Sigue intentándolo.

Pero de nuevo, Vicky se volvía a asustar y agitaba los brazos con la intención de levantarse.

—Siempre es más fácil seguir haciendo lo que se ha empezado aunque no funcione —dijo Dolly con paciencia—. Acuérdate de respirar.

—Te pareces a alguien que conozco —dijo Victoria—. ¿Has oído hablar alguna vez de un búho llamado Henry Herbert Hoot, D. C.?

—Sí, por supuesto. A decir verdad, Doc y yo hemos trabajado juntos muchas veces. Nos hemos hecho muy buenos amigos y, ya que lo mencionas, hace algún tiempo que no viene por aquí.

—¿Quieres decir que Doc conoce este sitio? Me pregunto por qué no apareció cuando lo necesitaba. Siempre parece saber todo lo que está pasando.

—Doc me deja los temas del mar a mí, al igual que yo le dejo los del corazón a él. Bueno, debemos aprovechar la oportunidad que se nos brinda.

122

—¿Oportunidad?, *una* oportunidad», musitó Vicky pensando que Dolly había debido de pasar mucho tiempo al lado de Doc.

—El mar y la vida tienen muchas cosas en común —continuó diciendo Dolly—. Relájate, déjate llevar, ten fe en que vas a flotar... y así será. Pero niégalo, piensa que te vas a hundir... y así ocurrirá. La elección es tuya.

Tras muchos intentos siguiendo los constantes consejos alentadores de Dolly, la princesa comenzó a flotar con éxito.

—¡Excelente! y ahora ya estás preparada para girarte y flotar boca abajo, —dijo Dolly.

Al principio, Vicky protestó ante la idea de sumergir la cara en el agua pero muy pronto la princesa flotaba sin ningún esfuerzo apoyada en su estómago, al igual que había hecho mientras estaba de espaldas.

Dolly sentía un gran placer:

—Ahora debes aprender a moverte en el agua —le dijo haciéndole una demostración de su magnífico estilo—. Observa la fluidez de mis movimientos; ni lucho, ni me esfuerzo, ni muevo las aletas ni la cola. Se trata de un trabajo continuo, regular y constante.

Vicky se negó a moverse:

—Quiero creer que el agua nos sostendrá como tú dices, pero cada vez que pienso en la idea de moverme, me parece que nos vamos a hundir.

—No vas a creer que *eres capaz* de hacerlo hasta que lo *hagas* —dijo Dolly—. Ya verás cómo te ocurre igual con muchas otras cosas.

Con cautela, la princesa levantó un brazo siguiendo las instrucciones de Dolly, pero en seguida perdió el equilibrio y Vicky comenzó a chapotear en el agua.

—¡Ya está! —dijo Vicky—, ya no podemos aprender más y nos rendimos, ¿verdad, Victoria?

A pesar de sentirse agotada y frustrada, Victoria no tenía la más mínima intención de rendirse. Escuchó en su interior la voz de Doc como si estuviera allí mismo a su lado:

—Recuerda lo que nos dijo Doc, Vicky: «Uno se rinde ante la desesperación y cede a la aceptación.» No debemos rendirnos, sólo ceder. Tenemos que aceptar nuestros miedos y hacerlo de todas formas o, de lo contrario, nunca aprenderemos a nadar. Venga, Vicky, es la única manera que tenemos de regresar a tierra firme.

En el momento en el que Vicky aceptó, la tensión desapareció del cuerpo de la princesa y, poco a poco, fue levantando un brazo, luego el otro dibujando con ellos un arco y moviéndose en el agua con elegancia mientras el mar se iba calmando. En realidad, la princesa y el mar eran uno solo.

—La naturaleza es muy generosa con los que obedecen sus leyes básicas —dijo Dolly mientras observaba a la princesa deslizándose por el agua—. Pero no tiene compasión con los que las incumplen. Asimismo, exige muy poco pero el castigo por desobedecerla es severo. Cuando uno vive en armonía con ella, la vida fluye. ¿Puedes sentirlo?

—¡Sí, sí, lo siento!, —gritó Vicky.

La lluvia cesó, las nubes negras fueron desapareciendo y el sol volvió a brillar entre ellas.

—¡Vaya, el arco iris —dijo Vicky emocionada mirando por un momento el cielo despejado mientras movía los brazos—. Me encanta que las nubes negras y esa lluvia tan desagradable hayan desaparecido.

—Son el sol y la lluvia los que crean el arco iris, Vicky —dijo Dolly—, y es algo que merece la pena recordar.

La princesa se detuvo, levantó la cabeza y siguió nadando un poco más. Tan emocionada estaba que no recordó hasta ese momento que seguía sin saber hacia dónde debía dirigirse, y se puso a mirar a un lado y al otro.

—Por culpa del agua no puedo ver la tierra, —dijo Victoria sintiendo cómo la calma iba desapareciendo por momentos.

—¿Me estás diciendo que no eres capaz de ver el bosque por culpa de los árboles?, —le preguntó Vicky.

Victoria sonrió.

—¡Caramba, Vicky, si parece que soy yo la que habla!, —exclamó dirigiendo su mirada al arco iris pues parecía que la estaba llamando. Intentó averiguar de dónde procedía ese sentimiento y por qué lo tenía, pero no pudo hallar la respuesta. Entonces, decidió que era ridículo sentir tal cosa por un arco iris. Sin embargo, algo la seguía llamando y, por fin, se dijo a sí misma que se lo estaría imaginando, aunque esto no impidió que lo siguiera sintiendo.

—¿Podrías decirme si es posible que esté nadando hacia el arco iris por alguna razón?, —le preguntó a Dolly con cierta indecisión.

—¿Por qué preguntas a los demás si la respuesta está en tu corazón?

Su mente regresó por un momento al día en el que se vio atraída por el árbol de la colina más allá de los jardines del palacio, es decir, el día que tuvo la necesidad imperiosa de encontrarse con Doc y así ocurrió, al igual que en esos momentos que necesitaba encontrar la tierra. «¿Puede ser que alguien esté intentando decirme algo?», se preguntó.

Volvió a mirar de nuevo al arco iris y su corazón comenzó a latir con más fuerza al tiempo que sus ojos se detenían ante el color rojo. ¡Era del mismo tono que sus queridas rosas!

—Voy a ir por ese camino, —le anunció a Dolly. En ese instante, divisó tierra a lo lejos. Victoria se quedó atónita—: ¿De dónde ha salido eso?, ¡antes no estaba allí!

—Sí, estaba—, le contestó Dolly.

—Entonces, ¿por qué no podía verla?

—Porque el miedo y la duda nos impiden ver la realidad.

—¿Quieres decir que ha estado allí todo el tiempo pero que no podía verla porque estaba muy asustada?

—Sí, además dudaste de la respuesta de tu corazón.

—No lo entiendo. Doc me dijo una vez que no podía ver el camino de la Verdad porque no estaba preparada para ello. Tú dices que no veía la tierra porque tenía mucho miedo y estaba llena de dudas. Así pues, ¿qué es lo que hace que uno esté ciego: el no estar preparado o el tener miedo y dudar?

—Las dos cosas. Cuando tenemos miedo y dudamos, no estamos preparados».

—Ahora entiendo por qué tú y Doc os habéis hecho tan buenos amigos, pues tenéis muchas cosas en común, —dijo Victoria.

—¿Vienes con nosotras, Dolly?, —preguntó Vicky.

La cabeza del delfín brilló con el sol y su cara se iluminó con una sonrisa:

—Debéis seguir por tierra firme vosotras solas pues yo tengo que estar disponible para el siguiente viajero que desee no ahogarse.

—Te echaremos de menos, Dolly, —dijo la princesa.

—Las personas que llevas en tu corazón están cerca de ti en todo momento —dijo Dolly moviendo las pestañas—. Os recordaré siempre.

Dicho esto, se volvió despidiéndose con la cola y desapareciendo mar adentro.

El mar estaba en calma, lleno de promesas y de esperanzas. La princesa contempló las aguas espumosas y se alegró al saber que podía llegar a tierra firme ella sola. Una repentina fuente de poder iba naciendo en su interior y una sensación de paz la inundaba mientras las suaves olas acariciaban su espalda.

12

La tierra de la Ilusión

CUANDO la princesa se despertó, sintió en su espalda la firmeza de la cálida arena. En realidad, era la
arena más fina que jamás había visto. Después, deslizó
la mano por la superficie y cogió un puñado comprobando que era real. Al parecer, había conseguido llegar a la
playa sin peligro.

Le vino a la mente el primer momento en el que divisó
tierra y en el que pensó que todos sus problemas se habían
resuelto. Sin embargo, la distancia que debía recorrer nadando resultó ser una dura prueba de resistencia. De hecho, antes
de llegar al rompeolas ya había agotado la escasa energía que
le quedaba y era incapaz de proseguir. Había nadado mucho
ya pero «¿Qué pasaría si no consigo realizar el resto del tra-
yecto?», pensó y, al instante, el miedo comenzó a nacer en su
interior.

El miedo y la duda nos impiden ver la realidad, se dijo
recordando las palabras de Dolly... *la realidad*. «¿Es posible

que mis miedos y mis dudas no me dejen ver?», se preguntaba.

En esos momentos, recordó otra de las lecciones de Dolly: *Mantener la mente tranquila en medio de la turbulencia es una lección difícil de aprender y, a la vez, muy importante.* «Sobre todo si es interna —pensó la princesa—. Es más, supongo que es la peor de todas y no creo que tenga solución.» Sin embargo, confiando en las sabias palabras de Dolly, comenzó a respirar lenta y profundamente para tranquilizarse hasta el punto de relajarse y dejarse llevar por la corriente. Hecho esto, la corriente la condujo hasta la playa, pero tan agotada estaba que, sin moverse, se quedó dormida al instante.

Despierta ya, respiraba la fresca brisa salada del mar y oía cómo se adentraba en la arena, salpicándola a intervalos.

—Soy demasiado joven para estar hecha una calamidad, —dijo Vicky en tono de ironía.

—Te estás volviendo muy graciosa, —le contestó Victoria acordándose de pronto de su príncipe—. ¡Cuánto echo de menos su ingenio y su humor!, ¡cuánto le echo de menos a *él*! —pensó—. ¡Ojalá pudiera contarle que, por fin, he aprendido a nadar!, ¡se sentiría tan orgulloso!... al menos en otra época así habría sido. —La princesa suspiró intentando borrar esos pensamientos, pero el recuerdo del príncipe no era fácil de olvidar.

En ese momento, la música de un banjo comenzó a elevarse por encima del estruendo de las olas y una voz inició esta canción:

> *Cuando veas un maravilloso arco iris*
> *Brillar más allá de un cielo gris,*
> *Es un don del cielo*
> *Que te guía en tu camino, flor de lis.*

—¡Doc!, ¡es Doc!, —gritó la princesa incorporándose al instante y viendo al búho en una duna cercana.

—¡Hola, princesa!

—¿Qué haces aquí?, —le preguntó, feliz de volverlo a ver.

—Esperarte. Dolly me pidió que te diera esto —le contestó entregándole el bolso de cachemir un tanto deformado por los accidentados sucesos—. Pensó que lo querrías recuperar.

—¡Sí, claro que lo quiero! No me puedo creer que lo haya encontrado porque desapareció cuando me vi arrastrada y empujada hacia el mar. Ya pensaba que lo había perdido para siempre.

La princesa cogió su bolso y se dispuso a abrirlo.

—Se habrá estropeado todo —comentó—, pero estoy contenta de tenerlo. Algunas de mis cosas preferidas están aquí dentro.

Metió la mano y sacó sus preciosas zapatillas de cristal con sus iniciales grabadas que todavía seguían envueltas en la suave bufanda de lana. Con gran ansiedad, desató el lazo, cogió las zapatillas y las examinó detenidamente moviéndolas a un lado y al otro.

—¡Ni siquiera están rotas!, —exclamó.

—Dolly dijo que se encontró el bolso flotando sobre un madero en el mar y pensó que debía de ser tuyo. Teniendo en cuenta las circunstancias, tus cosas están secas y en buenas condiciones. Y según parece, tú también.

—Debo tener mejor aspecto por fuera que por dentro —dijo la princesa—. Tú me dijiste que me sentiría mejor cuando comenzase a descubrir la verdad, pero no me advertiste que podría ahogarme en el intento.

—Sentir que nos estamos ahogando es una oportunidad para conocer la verdad.

—¡Qué gracia!... eso mismo dijo Dolly.

—No te sorprendas —contestó Doc—, pues la verdad tiene muchos maestros.

—¿Te acuerdas de que me dijiste que la verdad es la

medicina más eficaz y poderosa del mundo? Pues bien, ¿estás seguro?

—Sí, princesa, lo estoy. ¿Por qué?, ¿estás empezando a dudar de sus propiedades curativas?

—Sé bastante bien cuáles son pero todavía no han surtido efecto porque siguen los temblores, el estómago se me encoge y el pecho me oprime.

—¿Recuerdas lo que decía la receta médica? Quizás te convendría volver a leerla.

—No es necesario. Me acuerdo perfectamente de lo que dice: «La verdad es la mejor medicina. Toma toda la que puedas tantas veces como te sea posible.» Pero ya la he probado y no pensé que fuera tan difícil hacerlo ni que me iba a sentir como si hubiera estado tomándola durante tanto tiempo.

—No te prometí que sería rápido ni fácil, sólo que daría resultado —la cara de Doc se relajó con una sonrisa alentadora—. No te desanimes, princesa. Estás haciendo grandes progresos aunque aún no te des cuenta de ello.

Metió el banjo y el sombrero de paja en su bolsa negra.

—¡Oh, casi lo olvidaba! —dijo, sacando un pequeño paquete con nueces, semillas, hermosas frutas y verduras, rojas, verdes y amarillas—. Pensé que te apetecerían.

—Gracias, tienen un aspecto delicioso.

Doc le entregó el paquete y cerró el bolso.

—Te doy la bienvenida pero debo dejarte pues tengo unos pacientes esperando... ¡ah! —dijo encantado—, eso es lo que *tú* necesitas: paciencia y saber esperar.

—De un tiempo a esta parte estáis todos muy graciosos, —dijo la princesa en voz baja mientras el recuerdo del príncipe comenzaba a despertarse en su mente.

—Será mejor que empieces a reírte tú también pues tienes un largo camino por recorrer, pero bueno, ya lo comprobarás más adelante, —dijo Doc, iniciando su vuelo.

—Doc, espera por favor. Ni siquiera sé dónde estoy, ¿cómo puedo volver al camino de la...?

Pero el búho ya había comenzado a volar y la princesa tuvo que esforzarse para oirle con todo el estruendo de las olas cuando éste volvió a llamarla:

—Sigue adelante y recuerda... escucha a tu corazón.

—Preferiría tener un mapa, —contestó en voz baja la princesa, decepcionada porque Doc se había marchado sin decirle el camino que debía tomar o, al menos, sin ayudarle a decidirse por uno u otro.

—Un mapa —se repetía a si misma—. ¡Si... ya lo tengo!, ¡el mapa de la familia real! —Abrió su bolso de cachemir y se puso a rebuscar hasta que encontró el pergamino enrollado deseando que la tinta no se hubiese corrido. Así pues, lo sacó, le quitó la cinta plateada y lo desenrolló. Por suerte, era legible. Luego, un poco más tranquila, comenzó a estudiarlo con suma atención hasta que encontró el camino que debía seguir. Cogió una pequeña manzana verde del paquete de comida que Doc le había dado, metió el resto en el bolso de cachemir y puso el mapa encima. Después, terminó su exquisito manjar sin demora, cogió el bolso y se puso a andar por la suave arena.

Caminar era bastante difícil, pues se le hundían los pies en la arena que le cubría hasta los tobillos a cada paso que daba. Con todo, la marcha resultaba ser muy ardua, por lo que debía pararse a descansar y a consultar el mapa de la familia real para evitar así la más mínima ocasión de perderse.

Vicky unas veces se quejaba y otras era una bendición. Se alteraba, gritaba y protestaba todo el tiempo porque Victoria no le prestaba mucha atención mientras planeaba la ruta en el mapa o intentaba descubrir qué había fallado en su cuento de hadas. Pero, aún con todo, Victoria estaba encantada de que Vicky estuviera allí con ella pues, de lo contrario, el viaje hubiera sido mucho más aburrido e insoportable.

Poco a poco, mientras proseguía su andadura, el estruendo de las olas y el olor de la sal fueron desapareciendo. Asimismo, la arena se fue convirtiendo en grava y ésta en guijarros que rodaban a sus pies, obligándole a prestar atención a cada paso que daba.

—Doc nos advirtió que encontraríamos muchos guijarros por el camino de la Verdad, pero no nos dijo lo que debíamos hacer con ellos, —comentó Victoria luchando por mantener el equilibrio.

—Si esto sigue así, tardaremos una eternidad en llegar a cualquier sitio, —dijo Vicky gimoteando.

—Es cierto, una eternidad —pensó la princesa—, como el príncipe y yo, que prometimos amarnos hasta la eternidad.

—Pocas cosas duran siempre, Vicky —dijo la princesa—. Salvo la duda de lo que ha podido fallar, las quejas, la culpa, la frustración, la ira, el vacío, la pérdida del príncipe y la tristeza por haberse terminado mi querido cuento de hadas.

—¿Por qué dejamos nuestro hogar? —preguntó Vicky—. En realidad, no me acuerdo de la causa exacta.

—¿Cómo puedes haber olvidado una cosa así?

—Muy fácil: cada vez que pienso en el príncipe lo único que recuerdo es lo amable, dulce, bueno y maravilloso que era, y echo de menos...

—¿Y has olvidado su comportamiento mezquino, agresivo, malo y cruel?

—Esa es la parte que más me cuesta recordar.

Victoria suspiró y dijo a continuación, apartando unos guijarros del suelo para poder tumbarse:

—No sé, Vicky. Tal vez te resulte más fácil con el tiempo.

—Ya ha pasado mucho tiempo.

—Ya lo sé —comentó Victoria algo soñolienta mientras se acurrucaba en el suelo y apoyaba la cabeza en el codo—. Está anocheciendo, así que vamos a dormir.

A la mañana siguiente, la princesa se puso de nuevo en marcha y poco después llegó a un sendero que se dividía en otros dos. Se paró a observar el camino de la izquierda: era largo, recto y desaparecía a lo lejos rodeando la montaña. «No está mal», pensó. Luego, echó un vistazo al camino de la derecha: era estrecho, empinado, sinuoso, rocoso y con enormes baches llenos de arbustos y de árboles abandonados. De repente, la princesa sintió que, de forma irresistible, le estaba llamando y pensó: «¡Oh, no! ¡*Este* camino no!»

No obstante, el angosto sendero, las rocas, los arbustos y los árboles parecían estar llamándola por su nombre. «¿Por qué? —se preguntó—, ¿por qué me siento obligada a seguir el camino que parece ser el más difícil de los dos?» No tenía sentido y, sin embargo, el sentimiento seguía dominándola. Por fin y a pesar de lo que sentía, decidió que era ridículo y trató de convencerse de que no era cierto y de que era un producto de su imaginación. Aún así, seguía sintiéndose atraída por el camino.

No quería arriesgarse, así que abrió el bolso de cachemir y sacó el mapa de la familia real. Estaba muy segura sabiendo que podía depender de él para tomar la dirección más adecuada ya que, después de todo, había gozado de la confianza de todos sus antecesores reales. Inclinó la cabeza y se puso a estudiar primero un camino y después el otro, trazando con el dedo la dirección que iba a tomar.

—A la izquierda, vamos a la izquierda —anunció enrollando de nuevo el mapa y metiéndolo en la bolsa—. ¡Gracias a Dios!

Poco después de haber iniciado la marcha, la princesa se dio cuenta de que, a pesar de que el suelo parecía recto, tenía la sensación de ir cuesta abajo. «Muy curioso», pensó. Todavía resultó más extraño cuando en un momento determinado, tras divisar un arroyo a lo lejos se dirigió hacía él, deseando beber un poco de agua fresca de la montaña, pero al llegar había desaparecido. En ese instante, recordó a la reina diciéndole: «*Ya es hora Victoria de que aprendas a distinguir entre lo que es real y lo que no lo es.*»

Siguió caminando y pensando durante un buen rato sin poder descubrir lo que estaba ocurriendo en el camino, al igual que le había pasado con el príncipe.

De repente, la princesa tropezó con un enorme canto rodado situado, al parecer, en medio del camino. «Juraría que ha aparecido cuando ha chocado conmigo... ¿o he chocado yo con él?», se preguntó. La princesa no estaba segura aunque, en esos momentos, dudaba de muchas cosas.

Conforme proseguía su camino, el cielo se iba nublando cada vez más y pronto perdió la cuenta de las veces que se había puesto el sol desde que dejó la playa. Tampoco sabía muy bien de dónde venía ni a dónde iba, pues el terreno no parecía seguir su mapa. Asimismo, se preguntaba si sería lo mismo no saber dónde estaba y perderse.

Una ligera niebla fue envolviendo poco a poco el camino trayendo consigo una brisa fría. Se le fue encogiendo el estómago igual que otras veces y pudo oír la voz del *Señor Escondido* resonando en su cabeza: «*Caes enferma cada vez que sopla un viento frío. Mira cómo tiemblo, princesa.*»

—Sería horrible enfermar en un sitio como éste y sola sin el *Doctor Risitas* para que me traiga mi sopa de pollo, —pensó sintiendo en esos momentos una gran melancolía. La niebla se hizo más densa y la princesa se sintió devorada por ella.

—Tal vez perezca ahogada en la tierra, nada menos. Esto no se lo creería nadie, —dijo con voz entrecortada.

—Sentir que nos ahogamos es, con frecuencia, un don —dijo una voz entre la niebla—. ¿No te habló Dolly sobre eso?

—¿Quién lo ha dicho?

—¿Quién?, ¿quién?, yo, —dijo la voz.

—¡Doc!, ¡me has asustado!

—No necesitas a nadie para que te asustes, princesa. Tú sola te bastas para hacerlo.

—Dolly me enseñó a no tener miedo pero, a veces, parece que no puedo evitarlo.

—Los viejos hábitos tardan bastante en desaparecer.

—¿De verdad?

—Por supuesto. Se necesita mucha práctica para olvidar las viejas costumbres y sustituirlas por otras nuevas.

—Tienes suerte, Doc. Apuesto a que tú ya no necesitas practicar.

—No es cuestión de suerte. ¿Por qué crees que mi práctica médica se llama así?, porque, en realidad, siempre se aprenden nuevas lecciones.

—¿Quieres decir que no dejaré de aprender?, —preguntó la princesa, angustiada ante la idea de ver que su esfuerzo no iba a terminar jamás.

—Conforme vas aprendiendo, el viaje se va haciendo más fácil y llega a ser mucho más agradable.

La princesa se animó e hizo más preguntas, deseando saber más lo antes posible:

—¿Qué quisiste decir al afirmar que sentir que nos ahogamos es, con frecuencia, un don?

—¿No fue el temor inminente de morir ahogada en el mar de la Emoción lo que le obligó a Vicky, por fin, a aprender a nadar?

—Sí.

—Los retos traen consigo el don de conocer la verdad.

—Estoy bastante harta de los retos. Este camino no es lo que parece en absoluto. *Podía* ver cosas que no estaban *aquí* y *era incapaz* de ver las que sí *estaban*. Me confundió totalmente.

—Por ahora, lo que te puedo decir es que estás acostumbrada a ciertas cosas que no son lo que parecen.

—¿Qué significa eso?

—Raras veces vemos las cosas como *son* en la tierra de la Ilusión.

—¡La tierra de la Ilusión!, ¿cómo puedo ir a parar allí?

—No tienes que *ir a parar* a ninguna parte. En realidad, éste es el lugar en el que has estado la mayor parte de tu vida de acuerdo con la forma en que llegaste aquí.

—¿He andado perdida por esta niebla durante años y ni siquiera lo sabía?

—Sí, todo el mundo vaga sin rumbo fijo en la niebla de la tierra de la Ilusión. Sin embargo, no importa mucho que haya niebla pues aquí uno es incapaz de ver lo que tiene delante aunque haga un tiempo espléndido.

—No me extraña que haya tenido tantos problemas para saber qué estaba pasando casi todo el tiempo. De todas formas, ¿cómo llegué a la tierra de la Ilusión?

—Usando el mapa de otra persona... de una forma o de otra.

—Pero este mapa ha guiado a las generaciones de todos mis antepasados reales —dijo la princesa sacando el mapa de la familia real del bolso y sosteniendo el pergamino enrollado—, y desde luego, puede guiarme a mí también.

—El viaje no es igual para todos y, así, el camino adecuado para uno, tal vez no lo sea para otro. Sólo nuestro corazón sabe la respuesta y tú escuchaste al tuyo cuando te sentiste atraída por el árbol de la colina más allá de los jardines de palacio y me encontraste. Seguiste sus consejos cuando te llamó el arco iris y te guió hasta la playa. Pero, cuando te enfrentaste a los dos caminos, no lo escuchaste. En vez de eso, confiaste en la idea de otra persona para elegir tu camino y así es, en realidad, como uno se llega a perder.

136

—Si tú estás aquí no me he podido perder del todo, —dijo la princesa sin gran confianza.

—Todo lo contrario, princesa. Estás completamente perdida, al margen de la persona que esté a tu lado.

Al instante, la princesa comprendió la verdad de las palabras de Doc pues recordó todas las veces en las que se había encontrado perdida aún estando el rey, la reina o el mismo príncipe a su lado.

—Entonces, ¿qué hago ahora? —preguntó la princesa—, ¿vuelvo de nuevo al comienzo de la bifurcación?

—No es necesario, princesa. Muchos caminos conducen a la misma montaña, —y diciendo esto, extendió sus alas con gran rapidez y desapareció entre la niebla de igual forma que había venido.

Nerviosa, pues ya no podía confiar en ningún mapa, la princesa continuó por el tortuoso sendero que recorría la tierra de la Ilusión. La niebla se hizo más densa hasta el punto de no distinguir siquiera los indicadores de madera, obligándola a acercarse más para leerlos y deseando, a su vez, que no fueran otra ilusión. En uno de ellos, en grandes letras negras y cerca de una flecha que señalaba hacia adelante, se leían estas palabras: «Campamento de los Viajeros Perdidos».

El campamento de los viajeros perdidos

SE CERNÍA una gran nube negra sobre el campamento dándole un aspecto gris y melancólico, al tiempo que la niebla envolvía el terreno. Había tiendas de campaña, cabañas y lo que parecían ser algunos CR (Carromatos de Recreo)*; también se veían grupos de personas dispersos aquí y allá ajenos a la presencia de las ardillas y los conejillos que correteaban a su alrededor. Todo el coro de voces humanas dio la bienvenida a la princesa.

A la entrada del campamento había una caseta de madera, y encima de la puerta colgaba un cartel en el que se leían unas letras talladas a mano: «Oficina del Campamento y Centro de Información».

La princesa subió las escaleras y abrió la puerta metálica cuyos goznes chirriaron con estruendo. Dentro, un hombre enjuto y fuerte con una camisa de franela de cuadros escoce-

---

(*) En el t exto original es RCWs (Recreational Covered Wagons) *(N. del T.)*

ses de color verde y borgoña, tenía los pies cruzados encima del escritorio y tallaba un trozo de madera.

—¡Hola! —le saludó con gran entusiasmo sin dejar su labor—. Me llamo Willie Borgoña*.

—Encantada de conocerle, —contestó la princesa encontrando interesante el hecho de que un hombre con el apellido Borgoña llevara una camisa del mismo color—, ¿qué está haciendo?

—Estoy tallando silbatos de madera, sobre todo para los trabajadores.

—¿En serio?

—Sí, les gusta tocar el silbato mientras trabajan y *a mí* me gusta tallar cuando trabajo. Por eso me llaman Willie el Tallador —explicó dando otro corte con el cuchillo—. ¿Qué puedo hacer por ti en este día tan maravilloso?

—Ni siquiera sé por dónde empezar —respondió la princesa, dejando en el suelo su bolso de cachemir y preguntándose si era posible que Willie estuviera tan ocupado para no darse cuenta del aspecto tan lúgubre que tenía el campamento—. Iba por el camino de la Verdad, me equivoqué de ruta y descubrí que mi mapa no era bueno... en fin, es una larga historia pero un amigo mío me dijo que no tenía que regresar y que podía llegar a mi destino por aquí.

—Eso lo explica todo, —contestó Willie con un tono de autosuficiencia.

—¿Explicar qué?

—Cómo llegaste aquí, por supuesto. Mucha gente se pierde siguiendo el mapa de otra persona y, casi siempre, terminan aquí.

(*) En el original «Burgundy» (Borgoña), de ahí que la autora utilice el color borgoña, que en español equivale al color burdeos, para describir su camisa, como explica más adelante. *(N. del T.)*

La princesa no deseaba finalizar su recorrido allí aunque, en ese momento, recordó que Doc le dijo que nadie acababa en ninguna parte... y ella era demasiado educada para mencionarlo.

—Llevo viajando mucho tiempo y ahora no estoy segura de estar dónde debo estar.

—Un amigo mío, o algo así, me dijo una vez: «Uno siempre está donde se supone que debe estar», eso es lo que dijo, ¡sí señor! —afirmó Willie, incorporándose y doblando el cuchillo para meterlo junto con el trozo de madera en el bolsillo de la camisa—. El alojamiento aquí es bastante bueno, ven que te lo enseño. Pero antes tengo que encender el fuego.

—Gracias, pero no pienso quedarme. Tengo que seguir buscando la verdad y, además, hay un templo...

—¡Ah, sí! Otros han venido con la misma intención pero la mayoría han decidido descansar aquí... al menos por un tiempo, aunque muchos acaban quedándose para siempre.

—¿Por qué lo hacen?, —preguntó la princesa.

—La tierra de la Ilusión es un lugar muy tentador, si no te importa que te lo diga, señorita. Aquí, la gente sólo *tiene* que ver lo que *elige* ver.

—Viniendo hacia aquí, cogí un camino que parecía recto pero que, en realidad, iba hacia abajo y también vi un arroyo que no era real. ¿Cree que sólo vi lo que quería ver?

—Sí, siempre es así.

—Supongo que la niebla no deja ver lo que está pasando en realidad», dijo sospechando que a ella le pasaba lo mismo. Luego, recordó las palabras de Doc sobre la gente que era incapaz de ver aquí con claridad, hubiera niebla o no.

—La niebla no influye mucho —estaba diciendo Willie—, pues lo importante no se ve con los ojos. De todas formas, toda la niebla que hay aquí no está en el cielo... de eso estoy seguro.

—¿Qué quiere decir?

—Sólo que la gente de por aquí tiene un poco de niebla también en su cabeza, es decir, siempre están luchando por saber lo que es real y lo que no. Por supuesto, pierden el tiempo porque en la tierra de la Ilusión nadie sabe con seguridad lo que es real.

—Todo eso me resulta muy confuso.

—Sí. Todo el mundo anda muy confundido por aquí, eso es cierto, aunque no sólo le ocurre a la gente sino también a los conejillos que tienen miedo de saltar y a los pájaros que temen cantar.

—¿Por qué?, —preguntó la princesa que apenas podía creerlo.

—Porque se imaginan que no pueden hacerlo bien.

—¿Qué les hace pensar así?

—Las comparaciones con otros de su igual. Siempre hay algún otro animal que puede dar un salto mayor o cantar mejor, ¿sabes lo que quiero decir?

—Pero, ¡eso es ridículo! ¿Qué diferencia puede haber si un conejo no salta tanto como otro o si el canto de un pájaro suena de forma diferente al de otro?... O si no puedo tensar tanto el arco como otra persona, —pensó la princesa mientras se preguntaba cómo se le había podido ocurrir tal idea. Luego, comenzó a recordar todas las otras veces de su vida en las que había tenido miedo de realizar algo porque creía que no sería capaz de hacerlo bien.

—*No* hay diferencia —seguía diciendo Willie—. Algunos han intentado decírselo, pero no se lo creen. Es más, los conejos y los pájaros se enfadan con sus madres por haberlos tenido y con el mundo por no haberlos hecho un poco mejores.

—¡Pobres animalitos!, —exclamó la princesa, comprendiendo demasiado bien cómo se debían sentir.

—Eso no es ni la mitad, señorita. También viven con nosotros unas tortugas que piensan que sus caparazones son demasiado grandes y pesados para poder hacer otras cosas.

—Pero *se supone* que las tortugas tienen caparazón.

—Trata de decírselo a *ellas* y verás el caso que te hacen. Se ponen de mal humor y se esconden, deseando que nadie se dé cuenta de que están allí.

La princesa sintió pena por todas las pequeñas criaturas y, a su vez, se preguntó por qué no podían entender que su sufrimiento era innecesario y por qué la mayor parte de su vida no había sido capaz de entender que su propio dolor también había sido inútil.

—Todavía hay más —dijo Willie—, muchas orugas se arrastran intentando esconder la cara porque se consideran feas sin tener ni idea de que son unas preciosas mariposas en potencia. Luego, cuando por fin se convierten en mariposas, algunas siguen viéndose como viejas y feas orugas cuando se miran en el estanque y otras se olvidan de que una vez lo fueron, se vuelven engreídas, ya sabes lo que quiero decir, y no se les puede ni hablar.

La princesa pensó en las mariposas que seguían pensando que eran orugas y recordó que de pequeña, siendo libre y bella, se había sentido como una mariposa pero que, conforme fue creciendo, muchas veces se había visto como una oruga cuando se miraba en el espejo.

La voz de Willie la trajo de nuevo al presente. En esos momentos, estaba diciéndole algo sobre un manzano que tenía mucha vergüenza de producir manzanas.

—¿Por qué?, —le preguntó la princesa.

—Porque los árboles de alrededor crían peras y el manzano cree que produce la fruta equivocada.

De repente la princesa se acordó del dedo del rey moviéndose con fuerza delante de su nariz mientras le gritaba: *«¡Eres demasiado delicada, demasiado sensible, Victoria! Tienes miedo de tu propia sombra y eres muy soñadora. ¿Qué te ocurre?, ¿por qué no puedes ser como las demás princesas?»*

«Pero, lo único que había hecho era comportarme de forma natural —pensó—. ¿Era posible que esperaran que mi comportamiento fuera otro todo el tiempo?» Victoria se entristeció al recordar la primera vez en que la dulce y pequeña Vicky le dijo en voz baja: *«Yo soy así y no debo ser bastante buena.»* «¡Cómo pude gritarle, hacerle llorar y encerrarla en un armario cuando todo lo que había hecho la pobre niña era ser ella misma!», pensó.

Se le hizo un gran nudo en la garganta y comenzó a sentir una gran opresión en el pecho. «¡Oh, Vicky!, ¡cuánto lo siento! —dijo Victoria en silencio—. No lo sabía, no me di cuenta... ¿qué te he hecho?»

En ese mismo instante, la princesa oyó con claridad el croar de una rana que procedía del otro lado de la puerta de la oficina. Movida por la curiosidad, se asomó a ver de qué se trataba y, poco a poco, se fue haciendo más visible una silueta en la niebla. Apenas podía creer lo que estaba viendo... aunque no era nada nuevo para ella ya: un hombre estaba saltando igual que las ranas.

—¿Qué diablos está haciendo?, —preguntó la princesa dando otro paso más para poder verlo mejor.

—¡Oh!, se trata de un príncipe que se cree rana —dijo Willie con mucha tranquilidad mientras se paseaba por la entrada—. Si piensas que es extraño, deberías ver la rana que va saltando por ahí con una corona y una capa real y que se cree que es un príncipe. Ya te dije que la gente anda muy confundida por aquí, hasta las flores.

—¿Las flores?, ¿cómo es posible?

—Muy fácil, porque se sienten culpables.

—¿Por qué podrían sentirse así?, —preguntó la princesa con cierto escepticismo.

—Por necesitar la luz del sol, por ocupar espacio y por absorber el alimento que necesitan de la tierra.

—¿Por qué se sienten culpables por eso?

—Porque creen que no se lo merecen.

—¿No saben que son bonitas y fragantes y que proporcionan un gran placer? Nunca olvidaré todas las maravillosas horas que he pasado en los jardines de rosas.

—Las flores no estiman su propio valor.

—No son las únicas, —pensó la princesa mientras observaba a la gente y lo que hacía—. Me gustaría quedarme para saber lo que les pasa, pero debo seguir con mi búsqueda de la verdad.

—Encontrarás mucha por aquí.

—¿Aquí? ¡Si nadie sabe siquiera lo que es!

—De eso se trata, señorita. Se puede encontrar una gran parte de verdad en lo que no es... ¡vamos!, ¡te llevaré a dar una vuelta!

La princesa no estaba segura de si debía quedarse, pero, al instante, recordó lo que Willie le había contado sobre lo que su amigo decía: *«Uno está siempre donde se supone que debe estar.»* «Tal vez sea cierto», pensó entrando de nuevo para recoger su bolso de cachemir.

—No verás muchas personas felices aquí... aunque algunos crean a veces que lo son», dijo Willie mientras bajaban las escaleras.

Pronto vieron a un mono en la orilla de un gran estanque.

—Por favor, déjame ayudarte o te ahogarás, —dijo el mono inclinándose y cogiendo un pez del agua para llevarlo con cuidado al árbol.

—¿Qué está haciendo?, ¡lo va a matar!, —exclamó la princesa.

—Él cree que le está ayudando, —respondió Willie.

145

—¿No podemos hacer algo nosotros?

—No es necesario. Los peces de por aquí ya saben lo que tienen que hacer cuando los monos intentan salvarlos.

—¿Quieres decir que esto pasa siempre?

—Sí, esto y mucho más. Si te parece mal que los monos intenten salvar a los peces, deberías ver lo que pasa cuando unas personas intentan salvar a otras.

—Ya lo sé, —dijo la princesa recordando su intento por ayudar al príncipe y cómo éste le había dicho que no necesitaba ayuda.

Victoria y Willie vieron que, al instante, el pez saltaba de la rama en la que le había dejado el mono, se volvía a meter en el agua con resolución y se alejaba nadando.

—Ahora entiendo lo que significa que el pez ya sabe lo que debe hacer, —comentó la princesa riéndose.

Paseando por el estanque, la pareja vio a un hombre inmóvil con un sombrero blanco de pescador sentado en un leño.

—¿Qué *le* pasa?, —preguntó la princesa.

—No lo sé muy bien. Empezó así un día que no fue capaz de decidir qué caña de pescar debía usar. Le preguntaba a todo el que pasaba, pero unos le decían que empleara una y otros la otra. Después, tampoco supo si debía ponerle cebo fresco o no, ni en qué lado del estanque tenía que sentarse. Pidió la opinión de los demás pero, en efecto, unos se inclinaron por un cebo y otros por el otro. Algunos le aconsejaron que se sentara aquí, otros allá y los demás no supieron qué contestar o les daba igual... o las dos cosas. Empezó a ponerse nervioso y a dar vueltas de un lado a otro.

»Entonces, les preguntó a los que pasaban si había peces en el agua... aunque ya sabrás que ésta es la tierra de la Ilusión y nada es lo que parece. Así, unos le dijeron que sí, otros que no y al final dejó de preguntar. Lo siguiente que sabemos es que se desplomó en ese tronco y nadie le ha visto moverse desde entonces. Me imagino que la única decisión que tomó fue la de no hacer nada más en su vida.

—¿Le ha preguntado alguien por qué creía que todo el mundo sabía mejor que él lo que tenía que hacer?, —preguntó la princesa al tiempo que se le refrescaba la memoria.

—Sí, le preguntamos por qué tenía tantos problemas para decidirse y nos contestó que siempre tenía miedo de equivocarse en la elección.

—¿Y qué más daba si hubiera sido así? —preguntó la princesa sintiendo pena por el hombre—, ¿se habría acabado el mundo si hubiera elegido la caña negra en vez de la marrón o si hubiera decidido emplear un cebo en lugar del otro aunque hubiera visto más tarde que no era el correcto?

En ese momento recordó las veces en las que le había ordenado a un criado que fuera a caballo a entregarle una nota a la reina pidiéndole su opinión sobre lo que debía hacer con esto o con aquello. Luego, le vino a la mente el pergamino con los pros y los contras, y volvió a sentir un malestar bastante familiar. Se dio cuenta de que la mayor parte de su vida había estado pidiendo a los demás su opinión y de que se había sentido igual de nerviosa a la hora de tomar una decisión por miedo a cometer un error.

—Parece más una estatua que un hombre, —dijo la princesa.

—Pues está vivo y respira como los demás. Si te acercas a él, podrás ver el vaho de su respiración en contacto con el aire frío.

—Tal vez esté respirando, pero lo que sí es cierto es que no está vivo. Debe ser muy desgraciado, —afirmó la princesa mientras aumentaba su pesar... no sólo por ese hombre de aspecto triste sino también por ella misma. Viendo a esa estatua humana sentada en el leño, pasaron por su mente muchos recuerdos sobre la confusión, la miseria y la desesperación que tanto le habían dominado los días que se quedó en la cama, negándose a salir de ella.

—Hay mucha gente por aquí que no vive mejor que él. En realidad, no se sabe quiénes son ni lo que hacen aquí, van saliendo del paso día tras día, preocupándose por esto o por aquello, haciendo un sinfín de locuras e intentando darle sentido a todo. Pero nunca lo consiguen porque hay muchas cosas que no siguen una lógica en la tierra de la Ilusión. Supongo que por eso la llaman así.

En ese momento, una pequeña criatura vestida con guantes blancos, esmoquin negro, pantalones cortos y una faja de la que colgaba un gran aro de latón con muchas llaves se acercó a la princesa. Hizo una cortés reverencia y le entregó un sobre blanco como si se tratase de la joya más preciada. En el dorso y con letra negra siguiendo un estilo clásico, se leía lo siguiente: «Invitación Especial».

—¿Qué es esto?, —preguntó la princesa levantando la vista. Pero la pequeña criatura se había ido y Victoria abrió el sobre para leer su contenido.

—No es lo que parece, —dijo Willie.

—¡En qué momento tan oportuno! —exclamó la princesa sin prestar atención al comentario de Willie—, nos han invitado a un banquete y ¡yo estoy muerta de hambre!

—Parece como si en estos últimos días no te hubieras parado mucho a pensar en comer y apuesto a que hace ya un tiempo que no lo haces, ¿eh?

—¿Cómo podría haberlo hecho? En primer lugar, estaba demasiado ocupada intentando no ahogarme, y luego...

—Cuando uno se está ahogando, necesita mucha más fuerza que nunca, —afirmó Willie como si estuviera repitiendo la definición del diccionario.

—Supongo que también tu amigo te lo dijo.

—Sí, ¿cómo lo sabes?

La princesa sonrió. A continuación, Willie la acompañó por el camino advirtiéndole de nuevo que el banquete no iba a ser lo que esperaba. Pero al acercarse al lugar de la fiesta, la princesa se puso eufórica. Había grandes mesas cubiertas con manteles y ocupadas por alegres comensales. El murmullo de las voces festivas reinaba en el ambiente mientras un grupo de pequeños camareros con guantes blancos y esmoquin negro les servían en bandejas de plata que sostenían entre las manos y los brazos en un difícil equilibrio.

—¿Quiénes son todas estas hermosas criaturas?, —le preguntó la princesa en voz baja mientras se acercaban a la primera mesa.

—Malvados duendes. Pero esas personas creen que son hadas buenas.

La princesa miró con cierta ansiedad los delicados platos de porcelana y las copas de cristal con los bordes dorados, preguntándose qué se estaría sirviendo en ellos y mirando más de cerca cada uno de los platos de los invitados.

—Pero, ¡no hay comida en los platos! —exclamó atónita mientras observaba cómo los invitados, muy delgados, se llevaban el tenedor vacío a la boca, masticaban correctamente y charlaban de forma animada entre bocado y bocado—, ¡y qué flacos están!

—Sí, se están muriendo de hambre pero no lo saben y tampoco quieren oírlo.

—No lo entiendo. ¿Por qué siguen aguantándolo?

—Echa un vistazo aquí debajo, —le dijo Willie levantando una de las puntas del mantel para mostrarle todos los tobillos atados con cadenas a lo largo de la mesa.

Parecía algo increíble. —¿Están encadenados a la mesa? Entonces, ¿por qué parecen tan felices?

—No ven ni las cadenas ni las llaves que pueden liberarlos. Además, están convencidos de que les están sirviendo unas comidas muy sabrosas como recompensa por los magníficos servicios prestados a la comunidad de duendes. Les parece que no es bastante lo que hacen por esas pequeñas criaturas.

Los camareros seguían moviéndose de un lado y a otro con gran diligencia sirviendo la comida de las bandejas vacías mientras sus llaves se balanceaban arriba y abajo.

—Pero, ¿cómo es posible que ocurra una cosa así?, —preguntó la princesa consternada.

—En cierta ocasión le pregunté esto mismo a mi amigo y todavía me acuerdo de la respuesta: «Cuando a uno le duele el estómago de hambre y desconoce la verdadera causa de este vacío, las ilusiones se convierten en su amo y él en su esclavo.»

La princesa no dejaba de contemplar la increíble escena mientras escuchaba lo que Willie le estaba diciendo. «¿Era ella misma una esclava de *sus* emociones? —se preguntaba—, ¿su propio vacío le había hecho creer que su príncipe era un hada buena cuando, en realidad, se trataba de un malvado duende?

—Mucha gente de por aquí intenta llenar su vacío, —dijo Willie conduciéndola hacia un grupo de personas acampadas a pocos metros de allí.

Hombres y mujeres, jóvenes y viejos, estaban sentados formando un círculo sobre unas rocas muy abruptas. Algunos comían bayas* mientras otros sacaban con una cuchara unas cuantas de una gran sopera dorada apoyada, como si de un ídolo se tratase, sobre un pedestal en medio del grupo.

—¿Por qué están sentados en esas piedras cuando tienen tanta hierba suave y blanda en ese otro lado?, —preguntó la princesa señalando una zona que parecía mucho más confortable.

(*) Fruto de algunas plantas, carnoso y jugoso. Contiene semillas rodeadas de pulpa, como la uva y la grosella. *(N. del T.)*

—Creen que hay rocas por todas partes y, por eso mismo, comen bayas.

—Tienen un aspecto delicioso. ¿Crees que les importará si como unas cuantas?

—Será mejor que te mantengas lejos de *esas* bayas, señorita. Les dejan los huesos más entumecidos que las mismas rocas en las que se sientan.

—¿Qué quieres decir?

—Lo único que hacen es atiborrarse de bayas mientras permanecen allí sentados mirando a las nubes. Al igual que esos otros dos —dijo girando la cabeza en dirección a los dos jóvenes que estaban sentados en una roca con las piernas cruzadas—. ¿Te das cuenta de que tienen la mirada puesta en el horizonte? Creen que están en una playa maravillosa de Honolulú en vez de estar aquí, perdidos. Lo sé porque un día se lo pregunté a uno de ellos.

—Y mira a estos otros... los que comen haciendo ruido, cuya única e incluso enfermiza preocupación es la de quedarse sin sus sabrosas bayas. No son capaces de pensar en nada más que en idear diferentes formas de conseguir más. Muy pronto comenzarán a saltar y a correr de acá para allá, mirando a un lado y a otro buscando algo más que bayas.

—¿Qué crees tú que buscarán en realidad?, —le preguntó la princesa sintiendo que, de alguna manera, ya sabía la respuesta.

—En primer lugar supongo que una forma de dejar de hacerse daño, pues el contacto diario de sus traseros y de sus pies con las rocas tiene que producirles un dolor espantoso.

Una ola de tristeza invadió a la princesa: «Las heridas diarias pueden obligar a la gente a realizar cosas extrañas y les hace sentirse vacía.»

En el mismo instante en el que lo decía, comenzó a darse cuenta de que el gran vacío que había sentido en su interior le había llevado a ingerir tónico relajante y a comprar día tras día, desde que abrían las puertas de los grandes almacenes más antiguos del reino hasta que los cerraban. Observó a la gente de su alrededor y sintió una gran tristeza, pues sabía que comer bayas no les iba a llenar el vacío que tenían como tampoco lo habían hecho ni el tónico relajante ni las compras.

Willie asintió con la cabeza mientras seguían su paseo:

—«Por desgracia, están malgastando sus vidas. Es una pena.

—Sí, una verdadera lástima, —repitió sintiendo que ella misma había experimentado muchas veces lo mismo... lástima. En esto estaba cuando recordó que llevaba mucho tiempo sin comer y seguía teniendo hambre.

—¿Hay algo por aquí que pueda satisfacer mi apetito?, —preguntó la princesa.

—No hay muchas cosas en la tierra de la Ilusión que puedan saciar el hambre de ninguna persona, pero tal vez esto te ayude, —le contestó Willie llevándola a un gran árbol de cuyas ramas colgaban unas hermosas naranjas. Alargó la mano, cogió una y se la ofreció a la princesa.

Victoria se sentó bajo el árbol y se apoyó en el tronco, poniendo a su lado el bolso de cachemir. Le quitó la piel con la yema de los dedos y dejó al descubierto el manjar. El ácido aroma le hizo la boca agua.

—¿Todo el mundo es desgraciado aquí?, —preguntó deseando poder darle un mordisco a su jugoso alimento.

—Algunos te dirán que son muy felices, al menos así lo creen en algunas ocasiones. Una gran parte de ellos creen que todo aquí es bonito y maravilloso, y los puedes distinguir porque llevan gafas de color rosa.

Willie metió la mano en el bolsillo, sacó el cuchillo y un trozo de madera, y le dio varios cortes rápidos mientras la princesa se comía la naranja con gran apetito.

—Lo de las gafas es muy divertido —comentó Willie mirándola—. La gente que las lleva va por ahí diciendo que todo es maravilloso, pero la mayor parte del tiempo andan con el ceño fruncido. Si les preguntas por qué, te dirán que estás loco, que no fruncen el ceño y terminarán preguntándote: «¿Cómo lo íbamos a fruncir si todo es tan bonito y maravilloso?»

—¿Por eso se quedan aquí?, ¿por qué creen que son felices?

—Sí, por varias razones. La mayoría porque se ha acostumbrado a ello. Por algún motivo desconocido, se sienten a gusto con la locura de no saber lo que es real y lo que no, viendo sólo lo que quieren ver aunque sean desgraciados o se hagan daño. De todas formas, no saben lo que les espera en cualquier otro lugar. Temen que pueda ser tan malo o, incluso, peor que aquí y, por eso, se preguntan: «¿Para qué me voy a molestar arriesgándome?»

La princesa comprendió muy bien lo fácil que era quedarse en un lugar al que ya se había acostumbrado aunque fuera desgraciada o le perjudicara. Mientras escuchaba a Willie, se dio cuenta de lo mucho que le había costado dejar todo lo que le era familiar para comenzar un viaje hacia lo desconocido. De repente, sintió una fuerza electrizante por todo su cuerpo.

—Lo que sí es cierto es que algunas personas se han ido de aquí, ¿no?, —preguntó la princesa sabiendo que ya era hora de marcharse ella también.

—¡Oh, sí! La leyenda sobre el país de Es se propaga con gran rapidez y algunos desean verlo, pero la niebla les impide a muchos encontrar el camino adecuado, se adentran más en la tierra de la Ilusión y acaban peor de lo que estaban aquí.

—Ahora ya sé lo que debo hacer para elegir el camino correcto, —afirmó la princesa convencida.

—Aún con todo, es un viaje muy duro. Muchos regresan cuando se dan cuenta de los peligros que encierra el camino fuera de aquí. Dicen que la tierra de la Ilusión les tiene prisioneros y que no les deja irse.

—Yo también dejé un lugar que me retenía y que no me dejaba marchar aunque, al final, conseguí liberarme. He sobrevivido a una riada y a una tormenta en el mar que estuvo a punto de ahogarme, he sorteado un sinfín de guijarros dispuestos a derribarme y cantos rodados que chocaban contra mí cuando intentaba pasar. En muchas ocasiones, me he sentido vacía, sola, asustada y perdida. Y sin embargo, he conseguido superar esto y mucho más, —dijo la princesa admirándose ella misma de la fuerza que transmitían sus propias palabras.

—Aunque así sea, tal vez regreses de nuevo aquí. Muchos que lo han hecho, cuentan las historias más espeluznantes que jamás hayas oído sobre lo que han visto.

—¿Como por ejemplo?

—La realidad.

—¿Qué quieres decir?

—Que se han encontrado con lo que verdaderamente *es*, es decir, allí las cosas no son como quieren que sean o creen que son o que podrían ser... sino que son reales. Por eso le llaman el país de Es.

—¿Por qué salen corriendo de un lugar así si se trata de la verdad que, además, puede curarles?

—La gente dice que es peor el remedio que la enfermedad. Deberías haber visto a los que volvieron, llorando y lamentando haberse ido. Les cuesta mucho volver a la normalidad e incluso, una vez que lo consiguen, nunca llegan a ser los mismos.

—No quiero ser la misma, —dijo la princesa pensando en todas la cosas que todavía necesitaba saber sobre la verdad, tales como: si el príncipe había estado bajo el influjo de un espíritu maligno y, de ser así, quién había sido el causante y por qué; quién había hecho qué a quién mientras ella había intentado ayudarle; por qué el rey y la reina habían insistido en que se comportara como ellos querían en vez de ser ella misma y, por último, por qué había creído la mayor parte de su vida que no era quien debía ser.

Cuanto más pensaba en todo lo que necesitaba saber, más ganas tenía de llegar al país de Es. Así pues, cogió su bolso de cachemir y, levantándolo del suelo, dijo:

—Debo saber lo que es, lo que fue y lo que será, y no descansaré hasta averiguarlo.

—Bien, si estás decidida a continuar...

—Lo estoy, —contestó al tiempo que se despedía de él con un rápido abrazo mientras sujetaba el bolso con una mano.

Willie movió los pies balanceándose de un lado al otro, y bajando la vista dijo con cierta timidez:

—Sabía que serías una de esas personas que dejan este lugar. Tienes mucho arrojo y estoy seguro de que lo conseguirás.

—Gracias por todo, Willie, —dijo la princesa y, respirando a fondo, se dejó guiar por su corazón mientras se alejaba del campamento.

CAPÍTULO

14

El país de Es

UNA NIEBLA, espesa y cerrada, seguía envolviendo al campamento mientras la princesa se alejaba del mismo. Ignoraba lo que se podía encontrar más adelante, y un gran nerviosismo se apoderó de ella al pasar por delante del letrero de salida. Luego, se paró a inspeccionar el terreno y sintió miedo al recordar las palabras de Willie: «*La niebla impide que la gente pueda ver el camino correcto y se adentran más aún en la tierra de la Ilusión.*»

Victoria agudizó la vista con la intención de ver más allá de la densa niebla y sólo pudo distinguir justo delante de ella varios caminos que, en apariencia, formaban unas cuestas muy pronunciadas. Miró a su alrededor esperando que su corazón le indicara el camino, pero éste se limitó a latir con más fuerza cuando surgió la duda en su cabeza. «¿Qué pasaría si optara por el camino equivocado y no llegara nunca al país de Es?», se preguntaba horrorizada ante la idea de no encontrar la verdad de lo que es y de lo que fue, de no llegar nunca al templo de la Verdad para ver el pergamino sagrado, de no encontrar la paz y la serenidad necesarias y, por último, ante la posibilidad de no descubrir el secreto del amor verdadero.

Como por arte de magia, la voz de Doc irrumpió en su cabeza: «*Observa con atención los indicadores.*»

—¡Claro que sí, los indicadores!, —exclamó, pero aunque miró a un lado y a otro, no encontró ninguno a la vista—. ¿Por qué? —se preguntó angustiada—, ¿por qué no veo ninguno?

Siguió esperando, pero sólo sintió la humedad del ambiente y los latidos de su corazón. De repente, oyó la voz de Dolly diciéndole: «*El miedo y la duda nos impiden ver la realidad.*»

—¡Tiene razón! —pensó—, el miedo y la duda no me dejan ver los indicadores.

De hecho, su corazón latía con tanta fuerza que no podía mostrarle el camino. Se dijo a sí misma que debía calmarse, pero cuanto más luchaba contra el miedo y la duda, más poderosos y fuertes se hacían.

Luego, recordó las instrucciones de Dolly para vencer el miedo y la duda en el mar, y pensó que también podrían dar resultado en la tierra. Respiró a fondo varias veces mandando mensajes positivos a su mente y a su cuerpo para que se relajaran. A continuación, esperó con calma a que su corazón le indicara el camino.

Poco después, se fijó en el camino que tenía justo delante de ella. Sus ojos siguieron el perfil indistinto de un indicador de cierta altura que se divisaba en la niebla blanquecina.

—Ése debe ser, —dijo Victoria, y se dirigió hacia él con cierta indecisión. Al llegar, se encontró con un indicador de madera en cuya parte superior había un cartel en el que se leía: «Al País de Es ⇨ Todo Recto».

—No estoy muy segura de que *quiera* conocerlo, —dijo

Vicky mientras la princesa iniciaba el camino con extremada cautela.

—¡Vicky!, ¿dónde te habías metido? Estuviste muy callada en el campamento, —contestó Victoria apartando con la mano un arbusto abandonado que le había arañado los brazos y las piernas al intentar pasar.

—He estado ocupada con mis sentimientos.

—Se te da muy bien.

—Y supongo que tu habrás estado atareada averiguando cosas y buscando la verdad. Eres toda una experta en *eso*, ¿verdad, Victoria?

—Verdad, Vicky.

La princesa caminaba con dificultad por entre las abultadas raíces de los árboles y por entre la maleza que ocultaba el camino. Cogió una rama del suelo para ir apartando los arbustos.

—¿Victoria?, —le llamó Vicky con dulzura.

—¿Sí?

—No fue por mi culpa, ¿verdad?. Quiero decir que no tengo la culpa de que el rey, la reina y el príncipe no me quisieran tal y como soy.

—No, Vicky, tú no tuviste la culpa.

—Pero *a ti* tampoco te gustaba mi forma de ser —dijo con tristeza—, y sin embargo cuando estuvimos en el campamento dijiste que lo sentías, ¿no?

—Sí, más de lo que puedas imaginar —contestó Victoria con un nudo en la garganta—. Perdóname, Vicky. *Quiero* aceptarte tal y como eres.

—¿Por qué?, ¡nadie lo hace!, —exclamó Vicky con tanta tristeza que a Victoria le hirió en lo más hondo.

—Porque es natural que los manzanos cultiven manzanas, que las tortugas lleven caparazón y, además, porque las orugas son mariposas por dentro y porque los cantos de los pájaros son preciosos. Resulta un poco difícil de explicar pero confía en mí, sé lo que digo.

La princesa prosiguió su camino, pero los espinosos matorrales parecían aprisionarla y retenerla. Sin embargo, se fue abriendo paso aunque con grandes esfuerzos, recordando la advertencia de Willie sobre la tierra de la Ilusión cuya misión era retener a la gente y no dejarla escapar. Se concentró sobre todo en ir despejando el camino con la rama y en poner los pies en suelo llano por entre las raíces de los árboles.

—¿Victoria?, —irrumpió Vicky muy sumisa.

—¿Sí?

—Creo que si tú puedes hacerlo, yo también.

—¿Hacer qué?, —preguntó Victoria.

—Aceptarme y quererme tal y como soy.

La princesa comenzó a subir por la montaña, pero cada vez había más rocas y más vegetación, y aunque la niebla iba desapareciendo y el camino se despejaba, éste se hizo más abrupto, en contra de sus deseos y, además, la tierra cada vez estaba más mojada y resbaladiza, por lo que con cada caída, sentía una gran frustración. Es más, parecía como si por dos pasos que daba, retrocediera uno. En muchas ocasiones pensó en volver, pero la imagen del templo de la Verdad y de todo lo que Doc le había prometido le animaban a seguir adelante.

Al final, tan cansada estaba del ascenso y de los resbalones que perdió por completo el equilibrio y fue a parar, con bolso incluido, a un espinoso arbusto situado justo al borde del precipicio.

—¡Vaya!, ¡hemos estado muy cerca!, —dijo Vicky mirando por encima del arbusto el profundo abismo que aparecía ante sus pies.

—Sí, así es —asintió Victoria—. Por un momento he pensado que resbalábamos y bajábamos la montaña rodando.

—Todo está bien —dijo una voz—, y aunque son muy

numerosos los continuos resbalones a lo largo del camino, uno nunca vuelve a resbalar ni baja por la misma senda por la que ha venido.

—¡Doc! —gritó Victoria al tiempo que se libraba del espinoso matorral y caía rodando por el suelo—, ¡tengo muchas cosas que contarte! El campamento fue increíble y tenías razón... mi corazón *sí* que sabe el camino. He aprendido a no dejar que el miedo y la duda... ¡Oh, Doc, no sé muy bien por dónde empezar!

—¿Cómo es que no cantas ni tocas el banjo ni llevas el sombrero de paja? —dejó escapar Vicky guiada por un impulso y algo desilusionada—. Siempre estás cantando y tocando cuando apareces de nuevo.

—La vida es demasiado corta para estar haciendo algo *siempre* —contestó Doc—, pero si te empeñas... En ese momento sacó de la bolsa negra el banjo y se puso el sombrero de paja en la cabeza.

> *Hay un mago maravilloso*
> *Que vive en un país llamado Es.*
> *En cuanto a saber y a crecer,*
> *El mejor mago en la materia es.*

—¡Ojalá nos encontremos con él!, —exclamó Victoria.

—Tus deseos están a punto de cumplirse, —contestó Doc mientras hacía una reverencia y saludaba a la princesa levantando el sombrero con elegancia.

—¿En serio?, ¿un mago?, ¡vamos a conocer a uno de verdad! —gritó Vicky—, ¿cómo es?, ¿nos dirá todo lo que queramos saber?, ¿podemos conocerlo ahora mismo?

—Seguro que el mago te sorprenderá... de muchas más formas de las que puedas imaginar, —dijo Doc sonriendo con malicia.

—¿Va a venir aquí?, —preguntó Victoria.

—No, vosotras iréis allí... al país de Es.

—Ya he oído hablar de él pero no sé dónde está.

—En lo alto de la montaña —respondió Doc—, ya casi habéis llegado. Bueno, prosigue tu camino que aún te queda por vivir la parte más emocionante del viaje, —y diciendo esto se elevó por los aires—. ¡Sigue trabajando así de bien!, —le dijo desapareciendo de su vista.

Emocionada ante la idea de conocer a un mago y sabiendo que el país de Es estaba cerca, la princesa se levantó de un salto, cogió el bolso del arbusto y, de nuevo, emprendió la marcha por el camino de la Verdad.

Pero antes de que pudiera llegar a la cima de la montaña y, acusando cada vez más el esfuerzo realizado, sintiéndose exhausta, dolorida e incapaz de dar otro paso, se desplomó en el suelo y se quedó dormida al instante, antes incluso de que apoyara la cabeza en el bolso de cachemir.

Al despertar, con una energía renovada, decidió reanudar la marcha.

—Escucha, Victoria, —le susurró Vicky.

—¿El qué?, —le contestó Victoria con el mismo tono de voz.

—El silencio. Nadie nos está gritando, ¿no es fantástico?».

—Sí, lo es —contestó Victoria escuchando y, a la vez, recordando—, y también hay paz en nuestro interior.

Tras una pausa, Vicky volvió a hablar: —¿Victoria?

—¿Sí?

—¿Por qué todavía temblamos, nos alteramos y nos encogemos si ya hace tiempo que el *Señor Escondido* no está a nuestro lado?

—No lo sé muy bien, pero supongo que hemos creado una costumbre. Tal vez nos cure la verdad en el país de Es, como dice Doc.

La princesa cogió su bolso de cachemir y, sin más demora, siguió subiendo por la montaña. Sin embargo, al llegar a la cima, rodeada por una espesa niebla, nada parecía ser diferente de lo que había visto en la tierra de la Ilusión. Se sintió decepcionada y, a la vez, aliviada... en parte porque deseaba encontrar la verdad de lo que es y de lo que fue y, a la vez, porque los avisos de Willie sobre lo que le pasaría una vez que llegara allí le habían alterado los nervios.

De repente, el sol se abrió paso entre la niebla y un rayo de luz iluminó un gran indicador a pocos metros de donde se encontraba la princesa, y pensó: «Éso debe ser.» Al instante, se acercó hasta la señal y leyó: «Bienvenido al País de Es».

—Bueno, vamos allá de nuevo, —se dijo a sí misma pensando que, tal vez, la bienvenida que le había dispensado el sol fuera una buena *señal...* y terminó creyendo que era una idea muy inteligente.

La princesa observó el otro lado de la montaña. En sí, el país de Es parecía un lugar bastante agradable; el aire era puro y la suave ladera cubierta de musgo invitaba a pasear por ella. La princesa no podía entender por qué la gente de la que Willie le había hablado se desilusionaba y volvía corriendo al campamento de los viajeros perdidos. Por otro lado, *sabía* que no iba a salir corriendo, independientemente de lo que encontrara allí. Luego, se puso a pensar en los que no habían conseguido llegar nunca al país de Es y, puesto que nunca se había considerado a sí misma como una persona fuerte y decidida, llegó a la conclusión de que había necesitado un gran valor y coraje para llegar hasta allí. Le resultaba bastante extraño verse a sí misma desde esta perspectiva, pero le agradaba la nueva imagen.

A lo largo del camino, cada vez que Vicky preguntaba cuándo iban a ver al mago, Victoria respondía que no lo sabía.

La princesa llegó a una gran roca, lisa y plana, en la que se sentó dando las gracias por ello. Abrió el bolso de cachemir y rebuscó entre sus cosas hasta que encontró su libro de recetas y lo sostuvo entre sus manos con gran cariño. Leyó su nombre escrito con grandes letras debajo del título y se puso a hojearlo, recordando todas las veces en las que había dudado sobre su capacidad para escribir y publicar un libro, así como todas las ideas, preparativos y comprobaciones de las recetas que había tenido que hacer para terminarlo.

Metió de nuevo la mano en el bolso y sacó las zapatillas de cristal con sus iniciales grabadas al agua fuerte que le había regalado el director de *La Cenicienta*, recordando también la poca confianza que había tenido en sí misma ante la idea de tomar parte en la obra y que, aún habiéndolo conseguido, seguía creyendo que no estaba lo bastante preparada para interpretar bien su papel. Se sentía orgullosa de las cosas que había hecho, es más, creía que tenía derecho a ello pues se lo había ganado. Sin embargo, se sentía un poco rara. «¿Tal vez —se preguntaba—, me esté afectando de alguna forma el país de Es?»

Tras meter de nuevo el libro y las zapatillas en el bolso de cachemir, la princesa reanudó el viaje un tanto afligida por el vivo recuerdo del príncipe y de los primeros años de casados en los que él le animaba siempre y creía en ella, incluso en los momentos en los que ni siquiera la princesa tenía fe en sí misma. Suspirando dijo:

—¡Ojalá el príncipe hubiera seguido siendo igual que al principio... todo habría sido muy diferente! Ahora, más que nunca, debo descubrir la verdad para saber el motivo de su cambio.

Le resultaba muy difícil seguir creyendo que el príncipe fuera ese monstruo tan terrible porque cuando pensaba en él, en todo lo que había significado para ella, en lo que le había ayudado, en el sonido de su voz, en su olor, en su tacto, en esa sonrisa que dibujaba hoyuelos en sus mejillas, en el brillo de sus ojos cuando la miraban y en esa forma tan especial de estrechar su mano queriendo decir «te amo»... seguía sintiendo un dolor agudo que le quemaba por dentro. Ahora bien, cada vez que pensaba en él, el estómago se le volvía a encoger y el pecho empezaba a oprimirle de todas las cosas crueles que le había dicho y hecho desde aquel mágico día en el que se acercó a ella por primera vez en la biblioteca universitaria.

—Tal vez el mago sepa lo que le pudo pasar, —le sugirió Vicky.

De repente, una humareda espesa de humo blanco asustó a la princesa, que tropezó y empezó en dar volteretas sin parar ladera abajo, hasta que se paró ante un indicador en el que leyó: «Visite un lugar llamado Memoria».

—Parece muy divertido —dijo Vicky, quien, a su vez, había disfrutado de lo lindo con las volteretas al bajar por la suave colina—, *un viaje* a un lugar llamado Memoria.

Pero Victoria no estaba de humor para que le echaran humo en la cara, ni para bajar rodando por la ladera.

—*Otro* viaje, —dijo refunfuñando.

—¡Apuesto a que es el mago! —exclamó Vicky—. ¿No suelen aparecer envueltos en una nube de humo?

Sin embargo, con la única persona que se encontraron fue con una señora que tenía el aspecto de una venerable anciana y que llevaba un vestido amarillo a juego con unos zapatos de la madre Hubbard* que, al parecer, había teñido también de amarillo.

—¡Oh, caramba —dijo con gran alegría—, ¿estás bien?

—Sí, supongo que sí —contestó la princesa preguntándose de dónde había salido esa mujer—, sólo un poco decepcionada.

(*) Se trata de un estilo de ropa propio de los Estados Unidos en el que los vestidos, las capas y las blusas resultan largas y anchas, apenas sujetas por la cintura. Por extensión, «los zapatos de la madre Hubbard» responden a un tipo de calzado similar a las sandalias anchas y poco ajustadas. *(N. del T.)*

—¿Por qué, cariño?, —le preguntó.

—Porque pensé... bueno, el humo me cegó y me hizo llegar hasta aquí y creí que el Mago de Es iba a aparecer. Supongo que estaba equivocada.

—Sin lugar a dudas, a veces lo estás —le contestó—, pero ahora no.

—¿Qué quieres decir?

—Que tienes razón y que el humo estaba anunciándote la llegada del Mago de Es.

—¿Dónde está?, —preguntó la princesa mirando a todas partes.

—Soy *yo*, —respondió la mujer con gesto risueño.

—¿Qué?, ¡tú no puedes ser el Mago de Es!, ¡ni siquiera llevas barba!

—Mucha gente me dice lo mismo y por eso siempre llevo esto conmigo, —respondió sacando de repente de su bolso, lleno a rebosar, un objeto grande, gris y peludo que agitó delante de la princesa, quien, a su vez, la miraba con cierto estupor porque si éste era el mago, era una réplica lamentable de los auténticos magos ya que ni siquiera era capaz de aparecer envuelto en una nube de humo como Dios manda.

—¿Qué pasa con el humo?, —preguntó la princesa.

—La gente se lo espera.

—Creo que lo que no se esperan es que vaya directamente hacia ellos y les dé en la cara.

—En realidad, estaba enseñándole a uno de mis aprendices a realizar esta técnica y, según parece, necesita practicar un poco más. Lo siento de verdad, ¿podrás perdonarme de corazón?

—Supongo que sí, —contestó la princesa de mala gana.

—Me alegro mucho de que me lo hayas dicho —prosiguió la señora—, también tú estás haciendo unas prácticas excelentes, cariño. Ahora que ya hemos aclarado las cosas, te doy la bienvenida de forma oficial al país de Es.

—Gracias, pero... ¿estás completamente segura de que eres el Mago de Es?, —le preguntó la princesa con cierta incredulidad.

—Pues claro que sí. Tengo todas mis credenciales en regla y si quieres te las enseño —dijo sacando un montón de papeles de su bolso repleto de cosas y dándole con un carnet, que parecía oficial, en la cabeza—. Aquí tienes mi carnet de identidad con una foto mía.

La princesa examinó el carnet con gran atención sin poder creerse lo que estaba viendo. Justo debajo de la foto de la señora se leía lo siguiente: «Título oficial: "Mago de Es" - Dirección: "País de Es"».

—Y aquí está mi certificado como miembro activo del consejo de la Asociación Nacional de Magos. De hecho, el año pasado fui su presidente. ¿Deseas ver el resto?, —le preguntó ofreciéndole los demás documentos.

—No —respondió la princesa—, siento mucho haber dudado de ti pero es que creía que los magos eran... bueno, ya sabes.

—Sí, cariño, te entiendo, está bien. La gente que viene aquí por primera vez siempre tiene problemas con lo que ve.

—¿Qué quiere decir «problemas con lo que ve»?

—Sólo que muchos tienen ideas preconcebidas de lo que son las cosas y el aspecto que tienen, o que se supone que tienen... que tenían o que tendrán, si vamos a eso, pero ya hablaremos de ello en otra ocasión. De todas formas, les impiden ver con claridad lo que es real, llegando incluso en ocasiones a tratarse de un asunto bastante serio. He conocido a personas que se negaban a aceptarme como Mago de Es aún después de haber examinado todas mis credenciales y de haber sido testigos de alguna complicada demostración de mis poderes.

La princesa reflexionó por unos instantes:

—He recorrido un largo camino para descubrir lo que es

y lo que fue real y no estoy dispuesta a que nada entorpezca mi plan.

—Excelente, encontrarás la verdad que estás buscando.

Por fin, aceptando la compañía de una auténtica bruja, la princesa le bombardeó con todas las preguntas que tanto le habían estado atormentando:

—¿Por qué he sido siempre tan delicada y tan sensible?, ¿por qué tengo miedo de mi propia sombra y soy tan soñadora?, ¿quién hizo que el espíritu maligno se apoderara de mi príncipe azul?

La bruja le escuchó con atención hasta que el torrente de rápidas y enérgicas preguntas fue disminuyendo y le dio la oportunidad de poder hablar:

—Uno no puede aprender la verdad por los demás —afirmó—, debe descubrirla por sí mismo. Confío en que el Doctor Hoot ya te lo habrá explicado, ¿no?

—¿También tú le conoces? —preguntó la princesa—, seguro que viaja mucho —suspiró mostrándose un poco frustrada—. Creí que cuando te encontrara, sabría por fin la verdad sobre lo que es y lo que fue real.

—Lo conseguirás, cariño. Pero las ideas sobre el poder de las brujas son tan erróneas como las que definen su aspecto. Los magos se dedican a ayudar a la gente para que pueda ver la verdad por sí misma. Y hablando de ello, tienes que asistir a una representación teatral. Vamos ahora mismo.

—¡Una obra de teatro! Me encanta el teatro, de hecho una vez hice de *Cenicienta*.

—Sí, ya lo sé y actuaste de maravilla aunque ésa no fue la única vez. Ven conmigo y sabrás lo que quiero decir.

La princesa se levantó, cogió su bolso de cachemir, algo magullado, al igual que ella, y se dirigió con la bruja a un lugar llamado Memoria.

15

Viaje a un lugar llamado Memoria

MIENTRAS caminaban por el empedrado en dirección a Memoria, la princesa se sintió transportada a otro tiempo y a otro lugar. A ambos lados del camino había dispuestas unas casas de madera muy singulares cuyos muros estaban adornados con hiedra salvaje. Estaban separadas por pequeñas y acogedoras parcelas de hierba y protegidas de la luz del sol por grandes y enormes castaños.

—Todo lo que hay aquí ha sido creado con gran esmero para ayudar a la gente a encontrar la verdad de su pasado —dijo la bruja—, y estoy segura de que tú también hallarás la tuya.

En primer lugar, se acercaron a lo que parecía un viejo almacén.

—Éste es el negocio familiar de los Olde, —le comunicó la bruja como si fuera una guía turística.

—¿Qué clase de negocio?, —le preguntó la princesa.

—Artefactos... artefactos antiguos y de gran interés para muchos de los que vienen por aquí.

169

A continuación, vieron una casa rústica con un balcón y una gran puerta de roble. La hiedra de la pared de la entrada había sido podada para dejar al descubierto un cartel en el que se leía: «Posada de Memoria»

—¿La gente *se queda* en Memoria?, —preguntó la princesa, preocupada al pensar que tal vez este viaje iba a durar más de lo que esperaba.

—Sí, el tiempo necesario.

—¿Cuánto es eso?

—Para algunos, muy poco y para otros, mucho. Sin embargo, los únicos que nos preocupan son los que tienen pocas ganas de irse ya que necesitan una atención especial porque permanecer anclado en el pasado es algo muy serio.

Lo que vieron después era, sin lugar a dudas, una casa de muñecas con un cartel colocado en un gran caballete de madera anunciando la siguiente actuación:

«La Casa de Muñecas, legado de los Olde presenta:
    "Títeres del pasado" - *Una saga memorable*
    Protagonizada por: *la Princesa Victoria* ,
    junto al *Rey, a la Reina y al Príncipe.*»

La princesa se quedó atónita:

—¡*Yo* actúo en esta obra!, ¡pero tú me dijiste que iba a *ver* una función, no que fuera a protagonizar*la*!

—Es una réplica de la obra original que has estado representando durante toda tu vida. Te explicará lo que *fue* y todo lo que *es* como consecuencia de este *pasado*. Debemos darnos prisa porque va a comenzar ya.

Pero la princesa se quedó allí mirando al suelo.

—¿Qué te pasa, cariño?, —le preguntó la bruja.

La princesa se estremeció:

—¿Qué pasará si... si descubro... quiero decir que llevo tanto tiempo esperando que si...

—En el país de Es, no existe el «qué pasará *si*» y sólo hay lugar para «lo que *es*». Pero puede herirte mucho más si no *lo conoces*.

—Espero que me guste lo que voy a ver, —dijo la princesa con gran nerviosismo.

—Con toda seguridad te gustarán algunas cosas de la verdad y otras te desagradarán, es decir, sentirás amor y odio al conocerlas. Ahora bien, bueno, malo o indiferente, lo que es, es y no va a cambiar aunque tú no quieras saber la verdad. Sólo le darás el poder de dirigir tu vida sin que tú puedas intervenir en nada.

—¿Tengo que hacerlo de verdad?, —preguntó la princesa.

—La vida hay que vivirla mirando hacia el futuro, pero sólo se entiende si tenemos en cuenta nuestro pasado. Llevas mucho tiempo esperando poder comprender la tuya. Ahora bien, la elección depende de ti.

La princesa respiró a fondo y asintió con la cabeza mirando a la bruja que, con delicadeza, tomó su mano y la condujo hasta el interior de la casa de muñecas.

—Ahora, cariño —dijo la bruja sentándose al lado de la princesa—, hay una cosa más que deberías saber sobre esta representación tan particular. No sólo vas a ver y a oír sus diálogos sino que también vas a saber lo que la gente está pensando y sintiendo.

—¿Quieres decir que oiré lo que pasa por sus cabezas?

—Sí y, además, participarás de los sentimientos de su corazón.

La bruja chasqueó los dedos y la casa de muñecas se sumió en la oscuridad.

—¡Que comience la función!, —dijo en voz alta alzando los brazos.

En ese momento, una nube de humo blanco inundó el escenario pero desapareció al instante, dejando al descubierto un caballete de madera en el que se leía: «Acto I».

La bruja volvió a chasquear los dedos y una niña de aspecto triste y solitario apareció en el escenario. La princesa la reconoció en seguida; era igual que el cuadro que colgaba en una de las paredes del salón del palacio de sus padres. Era la reina de pequeña. La princesa estaba asombrada al poder ver en una obra toda la vida de su madre y le resultó algo extraño saber todo lo que la reina pensaba y sentía.

Victoria observó con atención las diferentes escenas de la niña mientras crecía. Así, pudo verla con sus padres y sus amigas, en casa y en el colegio, compartiendo todas sus esperanzas y sus sueños, sus miedos y sus dudas. Unas veces, la princesa se reía y sentía su misma alegría pero, otras, lloraba y sufría con su dolor. Casi al término del Acto I, la princesa comprendió por primera vez por qué la reina había llegado a ser la clase de mujer, de soberana, de esposa y de madre que era.

Con otro ligero chasquido de la bruja, apareció un nuevo cartel anunciando el Acto II. Viendo las pericias y triunfos de un niño, la princesa comprendió al instante que se trataba del rey y vivió con él los días felices y los amargos, sus preocupaciones, su dolor y su alegría. Poco tiempo necesitó la princesa para entender la clase de hombre, soberano, marido y padre que era.

En el Acto III apareció la reina llevando en brazos a su princesa recién nacida mientras el rey la miraba con gran ternura. Las escenas se sucedieron y la princesa revivió muchos momentos de su vida, aunque algunos fueron tan dolorosos que los observó entre silenciosos sollozos. Algunos pasajes de su vida eran idénticos a los que ella guardaba en su memoria, otros diferían en algún aspecto y otros más los había olvidado por completo. Vio a Vicky en todo su esplendor e inocencia pero también en sus momentos más tristes. Al término del Acto III, la princesa comprendió cómo se había convertido en la mujer, hija y esposa que era.

Victoria pudo tomar un respiro al llegar, por fin, el descanso, pues se sentía demasiado abrumada para proseguir con la obra. La tristeza se convirtió en rabia aunque ésta no fuera compatible con el *Código real de sentimientos y conducta de princesas* que tanto azotaba su mente, debatiéndose entre ambos sentimientos.

Por fin, con la ayuda de la bruja, la princesa dijo gritando que estaba enfadada con sus padres y con todos los que le habían dicho que no la aceptaban como ella era aunque también estaba enojada consigo misma por haberles creído. A su vez, se sentía culpable por estar enfadada y, al mismo tiempo, enojada consigo misma por este sentimiento de culpabilidad. De vez en cuando, la mente se le quedaba en blanco y se olvidaba de lo que estaba hablando con su interlocutora.

Sin embargo, la bruja le dijo que era muy comprensible que una princesa que se había guiado por el *Código real* desde la infancia juzgase lo que sentía, y que no era una tontería que un hijo de la realeza viese cómo el rey y la reina eran destronados y tratados igual que humildes plebeyos.

—Pero, tal vez, no pudieron evitar lo que me hicieron, —dijo la princesa recordando el pasado de sus padres y sintiéndose más culpable que antes por haberles recriminado el trato que le habían dispensado.

—En verdad, la gente cree obrar de la mejor forma posible con los recursos que tiene en ese momento y con el dolor que siente —respondió la bruja—. Y sentir compasión por ellos es bueno pues nos abre las puertas para sentir lo mismo por nosotros. Pero debes saber que lo que te sucedió no estuvo bien y que ninguna razón o argumento podrán nunca justificar todo lo que te subestimaron, obligándote a dudar de tus propios pensamientos y creencias negando, a la vez, lo que sentías. No hiciste nada para ser merecedora de tal honor.

El dolor, la ira, la culpa y la tristeza se iban apoderando de la princesa como si de un violento huracán se tratase.

—¿De dónde proceden todos estos sentimientos?, —preguntó Victoria.

—Casi siempre los sentimientos humanos tienen un origen común.

La princesa comenzó a llorar sin cesar hasta que, por fin, agotada, se durmió en los brazos de la bruja.

❋ ❋ ❋

—Despierta, cariño —le dijo la bruja un poco más tarde—, el Acto IV va a comenzar.

La princesa se preparó para soportar lo que sabía que venía después: la infancia del príncipe. Desde el mismo momento en el que irrumpió en el escenario, se quedó fascinada al ver a ese niño tan pequeño que un día se convertiría en su príncipe azul. Su ánimo se elevó y sintió los altibajos de su vida, fue testigo de sus retos y victorias, vivió con él sus conflictos y comprendió que se apoyaba en las bromas para ahuyentar el dolor. La princesa permaneció inmóvil en su asiento mientras presenciaba las primeras manifestaciones del espíritu maligno que, más tarde, cambiarían a su querido *Doctor Risitas* en el horrible *Señor Escondido*.

Cuando finalizó el Acto IV, la princesa se quedó mirando fijamente a la bruja y dijo:

—Resulta muy difícil de creer. Siempre pensé que el príncipe *real* era mi dulce y maravilloso *Doctor Risitas* y que el *Señor Escondido* era sólo el espíritu maligno con el que alguien le había hechizado. No tenía ni idea de que los dos fueran el verdadero príncipe desde el principio.

—Ésa es la naturaleza del *Señor Escondido*... y así son los cuentos de hadas que se consideran más reales de lo que en verdad *son*.

Luego, con un nuevo chasquido comenzó el Acto V y

como marco, la biblioteca de la universidad en la que la princesa contemplaba los ojos más azules que jamás había visto en su vida. Volvió a sentir la misma emoción que la primera vez, reviviendo todo el éxtasis y toda la agonía del tiempo al lado de su príncipe. Pero fue en esta ocasión cuando entendió, por fin, lo que había sucedido y por qué. Aunque sintió un gran alivio al descubrirlo, no pudo evitar el dolor, la ira, la pena y el vacío de no tenerlo a su lado.

La bruja y la princesa hablaron de ello hasta que ésta por fin dijo gritando:

—Estoy furiosa con el príncipe por haber destruido mi cuento de hadas, por haber traicionado mi amor y mi confianza.

—Por supuesto que lo estás, cariño —le contestó la bruja compasiva—, y ¿estás enfadada con alguien más?

—Sí, ¡conmigo misma! —gritó al tiempo que agitaba los puños en alto—. Estoy furiosa conmigo misma por dejarle que me hiciera tanto daño durante todo ese tiempo.

Mientras siguió sintiendo y diciendo todo lo que creyó necesario, su furia fue creciendo hasta que llegó al límite máximo y fue, poco a poco, desapareciendo, liberando a la princesa de la pesada carga que había estado llevando durante años. Rememoró las escenas en las que había visto crecer al joven príncipe y comentó:

—Estaba enfadado por muchas cosas antes de que nos conociéramos y descargó su ira sobre mí sin darme siquiera una oportunidad. Utilizó el amor que sentía por él para herirme y disfrutaba con mi dolor mientras me convencía a mí misma de que no podía dejarlo.

—La gente se convierte en víctima de víctimas cuando su necesidad de ser amada eclipsa su necesidad de ser respetada —contestó la bruja—. En suma, todo lo que consigue una persona es lo que ha decidido, ni más ni menos.

—Quizás se conforman con aquello a lo que están más acostumbrados, —dijo la princesa recordando todo el cariño que sentía por el rey y la reina y todo el dolor que conllevaba.

—Eso es cierto. La gente busca lo que conoce, lo que le resulta familiar y más cómodo.

—¿Aunque signifique lucha?

—Sí, *sobre todo* si es así. Los tiempos cambian, la gente también, pero siguen intentando desesperadamente hacerlo bien, encontrar una solución y terminar los asuntos pendientes. Por desgracia, casi siempre tratan de hacerlo de la misma forma con la que fracasaron la primera vez.

La princesa se movió en la silla sintiéndose algo incómoda y preguntó:

—¿Eso es lo que el príncipe estaba haciendo? Dijo que no podía evitar convertirse en el *Señor Escondido*.

—Tal vez, pero llevar consigo un legado de dolor es siempre una elección... irresponsable, por otra parte. Todo el mundo es responsable de sus actos y de controlar su propio dolor para que no influya en los demás. Las puertas de la casa de muñecas legado de los Olde están abiertas para todos.

—¡Ojalá hubiera venido el príncipe aquí hace tiempo! —exclamó la princesa en tono pesimista—. Tal vez se habría comportado mejor y las cosas habrían sido diferentes.

—Es posible, pero la gente tiene mucho miedo de enfrentarse a lo que ve aquí y rechaza hacer lo que debe.

La princesa frunció las cejas:

—¡Qué desgaste!, ¡todos estos años temblando, sintiendo cómo se me encogía el estómago y me oprimía el pecho, a la vez que me encontraba indefensa, confundida, enferma y cansada!

—Cuando dejas que los juicios de los demás sean más importantes que los tuyos, estás despreciando tu propio poder.

—Para ti debe de ser muy fácil mantener ese poder, pues el tuyo es inmenso.

—También el tuyo, cariño. Pero como todo poder, se debe reconocer y practicar porque, de lo contrario, permanece dormido.

La princesa respiró a fondo, intentando relajar la tensión de su cuerpo:

—Si tengo tanto poder, ¿por qué siento que todavía le amo aún después de saber todo lo que sé ahora?

La bruja tomó las temblorosas manos de la princesa entre las suyas y dijo:

—*Saber* es una cosa y *sentir* es otra muy distinta. Es posible que tus sentimientos tarden un tiempo en ponerse al mismo nivel que tu conocimiento pero, sé paciente cariño, ya llegará su momento.

La princesa pensó en todo lo que le había dicho la bruja, ya que eran muchas cosas las que debía recordar.

Luego, una nueva pregunta asaltó la mente de la princesa que sin demora debía encontrar respuesta:

—Le amo con toda mi alma y con todo mi corazón, pero me dijo que no era bastante, ¿por qué?

—Ni diez princesas hubieran podido amarle lo suficiente para satisfacerlo —dijo la bruja—. Con frecuencia, la gente que no se siente merecedora de amor, como el príncipe, duda del cariño de los demás hacia ella pues cree que no pueden sentir amor hacia una persona tan indigna como ella.

Las lágrimas comenzaron a resbalar en abundancia por las mejillas de la princesa, sin poder detenerlas por la angustia e inutilidad de todo ello. Poco después, Vicky con voz temblorosa y ahogada entre sollozos irrumpió en la mente de Victoria.

—Tenemos que tener cuidado de no inundar la casa de muñecas —dijo—, ya sabes lo que nos pasó la última vez que nos pusimos a llorar así y que casi nos ahogamos.

—Eso fue antes de que aprendiéramos a nadar —le tranquilizó Victoria—. Es posible que el agua sea profunda, pero no debemos tener miedo de ahogarnos en ella otra vez.

—Las lecciones bien aprendidas proporcionan una paz inmensa, —dijo la bruja acariciando la cabeza de la princesa.

—¡Ojalá pudiera sentir paz después de todas las cosas que me han sucedido!

—Puedes.

—¿Cómo?, —preguntó la princesa levantando la cabeza para observar la dulce cara de la bruja.

—Queriendo.

—¿Queriendo qué?

—Continuar trabajando en lo que sientes sobre lo que te ocurrió en el pasado hasta que estos sentimientos dejen de tener poder sobre ti. Queriendo, esta vez, consolar y tranquilizar a Vicky en vez de echarle la culpa por todo y, asimismo, con el deseo de perdonarte por ser incapaz de hacerlo mejor de lo que lo hiciste en aquella ocasión.

La princesa se secó varias veces los ojos con el pañuelo que le ofreció la bruja.

—No entiendo por qué me tuvo que pasar todo esto, —comentó.

—La vida es difícil. Algunas personas entran en la vida de otras dejando una gran huella en su corazón y consiguen que nunca vuelvan a ser las mismas de antes. Ahora bien, no ser la misma puede ser mejor.

—¿Qué quieres decir con «mejor»?, ¿cómo puede alguien ser mejor después de haber sido herido?

—¿No has conseguido saber más cosas sobre lo que es el amor?, ¿no has aprendido más sobre lo que eres y lo que no?, ¿no has logrado reunir la fuerza necesaria desde lo más profundo de tu ser sin saber siquiera que la tenías?

—Supongo que sí, —contestó la princesa.

—En cada relación y en cada experiencia se nos ofrece un don inapreciable. Cuanto antes puedas verlo, antes serás capaz de superar el dolor.

—Doc me dijo una vez que los retos conllevan el don de conocer la verdad, aunque sigo sin entender por qué debo sentir dolor para aprender.

—El dolor es mejor maestro que el placer. Piensa en ti misma como en una persona que está entrenándose, y en tus experiencias como tus lecciones; de estas últimas emana la sabiduría que hace la vida más completa, más rica... y más fácil.

La princesa movió la cabeza:

—Seguro que es una forma muy difícil de aprender.

—Sí, pero así es como la gente aprende mejor. Asimismo, el sufrimiento puede ensanchar tu corazón y dejar más sitio para el amor y la alegría.

La princesa suspiró:

—¿El amor y la alegría? No sé, después de todo lo que me ha pasado...

—La forma en que viviste el *ayer* marcó tu hoy y la forma en la que vivas *hoy* condicionará tu *mañana* —dijo la bruja—. Cada día es una nueva oportunidad para ser como quieres ser y para que tu vida sea como tú quieres que sea. No sigas atrapada en tus viejas creencias por más tiempo pues ya has visto que proceden de otras personas y de otro tiempo.

La bruja puso las manos en los hombros de la princesa y con su mirada la reconfortó.

—Escucha con atención, cariño, porque lo que te voy a decir ahora es de suma importancia —y la bruja habló en un tono de voz pausado pero enérgico a la vez—: Los años han pasado y los peligros también, estás a salvo para ser tú misma.

16

El valle de la Perfección

MIENTRAS salían de la casa de muñecas, la princesa meditaba sobre las palabras de la bruja.

—¿Me estás diciendo que no tengo que seguir intentando ser diferente y que está bien ser como soy?, —le preguntó la princesa por fin.

—Eres mucho mejor —contestó la bruja—. De hecho, eres perfecta.

La princesa bajó la cabeza:

—Eso es lo que he intentado ser toda mi vida, pero daba igual lo que hiciera porque seguía siendo demasiado delicada y sensible, no desaparecían mis miedos a todo y continuaba soñando con cosas que, con toda seguridad, nunca se cumplirían.

—¿No se te ocurrió pensar que tal vez *debías* ser todas esas cosas?

La princesa suspiró:

—Sí, lo pensé pero me pareció muy difícil de creer. En realidad, no sé *cómo* querían que fuera, o quién o por qué.

181

—Ya es hora de que lo averigües, ¿no te parece? Por suerte, estamos en el lugar *perfecto* —dijo la bruja llevándose la mano a la boca para retener una risita maliciosa que, a pesar del esfuerzo por contenerla, no pudo reprimir—. Ven por aquí, cariño, quiero enseñarte algo.

La bruja llevó a la princesa a la cima de una gran colina.

—Me gustaría mostrarte una de las vistas más espectaculares de la Tierra... El Valle de la Perfección, —le dijo al tiempo que abría los brazos como si intentase abarcar toda la belleza de la ondulada pradera que se extendía a sus pies.

—¿El Valle de la Perfección?, ¿quieres decirme que todo lo de ahí abajo es perfecto?

—Sí, todo.

Rodeada por la vegetación más exuberante que jamás había visto la princesa, se divisaba un estanque mucho más azul que los ojos del príncipe. La luz bailaba jugueteando con el agua, los campos de fresas y las matas de flores silvestres crecían abandonadas mientras se mezclaban sus olores, extendiéndose hasta la cima de la colina. Las ardillas corrían de un lado para otro, las mariposas revoloteaban de acá para allá y las alondras impregnaban el aire con su dulce canto. Todo parecía fresco y limpio como si hubiese sido regado por una suave llovizna.

—¡Ojalá pudiera ser igual de perfecta! —exclamó la princesa admirando la belleza tan exquisita que tenía ante ella—. ¿Podemos bajar hasta allí?

—Por supuesto, —contestó la bruja conduciéndola por la larga y suave pendiente.

Mientras caminaban, la princesa fue fijándose con más atención en el valle, y cuantas más cosas veía, más se daba cuenta de que no eran tan perfectas como le habían parecido desde lo alto de la colina, y mayor iba siendo cada vez su desilusión.

—Creí que dijiste que todo lo que había en este valle era perfecto... lo que quiero decir es que es muy bonito pero cuando ves todo más de cerca, te das cuenta de que no es perfecto: los arbustos no son tan verdes, los árboles son corrientes, el estanque no es tan claro como parece, hay insectos y... bueno, al menos *éstas* de aquí siguen teniendo buen aspecto —dijo agachándose para coger una fresa roja, brillante y carnosa, mostrándosela después a la bruja—, ésta es la única que sigue pareciendo perfecta.

Pero en el mismo instante en el que daba un mordisco al exquisito manjar, hizo un gesto de desaprobación con la boca:

—¡Es agria!, *nada* de lo que hay aquí es perfecto, nada de nada.

—Cariño, eres una experta en pasar por alto la grandeza de las cosas»

—Normalmente no, pero me dijiste que todo era perfecto, y no es cierto. Estoy muy decepcionada, esperaba que...

—La perfección, al igual que la belleza, depende de los ojos con que se mira.

La princesa estaba confundida:

—Pero cualquiera puede ver que ni los arbustos, ni los árboles, ni el estanque, ni las fresas son perfectos —fijó la vista en el suelo y continuó diciendo en voz baja—: De igual forma, es posible que nada lo sea; ni el rey ni la reina ni el príncipe ni yo... ni siquiera el amor o mi cuento de hadas.

—Todo es como queremos que sea —dijo la bruja alentándola con sus palabras—. Eso es lo que hace que sea perfecto, y lo único imperfecto es tu manera de percibir la perfección.

La bruja siguió hablando, pero la princesa sólo oía algunos fragmentos sueltos ya que estaba trastornada pensando que incluso su forma de percibir la perfección era, según parecía, imperfecta.

—Las rocas son duras, el agua moja y, a veces, las fresas rojas, brillantes y carnosas resultan ácidas. Lo que es, es, pues en la Naturaleza todo es y se comporta siguiendo el fin con el que fue ideado.

—El objetivo con el que fui creada yo debía de ser imperfecto.

—Todo lo contrario, tu misión consiste en llevar a cabo el plan que el universo tiene para ti.

La princesa movió la cabeza:

—No sé nada acerca de ningún plan. Sólo sé que intenté convencerme de que mi forma de ser era la correcta, pero hay muchas cosas de mí misma que desearía cambiar.

—Tu Yo superior, el que forma parte de un todo, es perfecto —comenzó a explicarle la bruja—, siempre lo fue y siempre lo será. La perfección es un don de la naturaleza y no es algo que tengas que ganarte porque forma parte de lo que ya *eres*, al margen de las cosas que crees que deberías cambiar.

La princesa pensó en todos los años en los que había intentado ser perfecta y comportarse como tal.

—¿Quieres decir que ya era perfecta en todo ese tiempo?, —preguntó.

—¡Eso es! Formas parte de un orden superior y éste es perfecto en su supuesta imperfección.

—Pero, ¿qué hay de mi debilidad, de mi sensibilidad, de mi temor hacia todo y de mis sueños sobre cosas que es posible que no ocurran?, ¿y de mi lista con los pros y los contras?

—Cuando aceptas el milagro de lo que eres y te amas de forma incondicional, es fácil cambiar todo lo que necesitas cambiar. Pero algunas de las cosas sobre ti misma que siempre has estado pensando que necesitabas modificar, es decir, todo lo que creías que era negativo en ti, tus propios enemigos... en realidad, han sido tus sirvientes más leales —dijo la bruja—.

Gracias a ellos eres así: un ser único y perfecto, distinto a cualquier otro que vino antes que tú o que vendrá después.

Los pensamientos se sucedían en la mente de la princesa de forma atropellada.

—¿Podía estar en lo cierto?, —se preguntó pensando, a la vez, en todos los años en los que había sido ella misma y en las repetidas ocasiones en las que se había sentido enojada consigo misma por no ser diferente y por no ser mejor de lo que ya era.

—Había veces en las que pensaba que no era lo bastante buena para que me quisieran», comentó la princesa mientras le temblaba el labio inferior.

—Mi pobre niña —dijo la bruja cogiéndola por los hombros y mirándola fijamente a los ojos—, siempre has sido lo bastante buena para que te quisieran y no por lo que hubieras dicho o hecho o por lo que dejaras de hacer o de decir, sino sólo por ser una criatura del universo. Ha llegado el momento de que aceptes lo que durante toda tu vida has estado rechazando.

Tomó las manos de la princesa entre las suyas.

—Ya es hora de que valores tu delicadeza que tanto se parece a tus queridas rosas que florecen en el jardín del palacio. También es el momento de que aprecies tu sensibilidad pues te ha abierto la puerta a los placeres del universo, no en vano el que sufre el dolor más profundo también siente la alegría más inmensa. Acepta tus miedos pues son los que te han retado para que desarrolles la misma fuerza y coraje de un esforzado caballero en la batalla. Asimismo, ya es hora de que reconozcas los sueños que expresan los deseos de tu corazón pues intentan con ello revelarte el plan secreto que el universo tiene para ti, —y así continuó la bruja haciéndole ver con gran amor la verdad más absoluta.

La princesa se sintió suspendida en el tiempo y en el espacio. Poco a poco, fue desapareciendo la pesada carga de sus hombros y todo comenzó a tener un nuevo sentido para ella. Pensó en lo que había sido toda su vida y en todo lo que había aprendido, en cómo había crecido y se había convertido en lo que era gracias a lo que había sido antes. Lo recordó todo y se sintió feliz.

De repente, el valle parecía diferente. Los brillantes rayos del sol acariciaban el maravilloso paisaje; los árboles y los arbustos se volvieron más verdes, el estanque más azul y la fragancia de las flores se hizo más dulce. La princesa contempló a las ardillas corriendo de un lado a otro, a las mariposas revoloteando de acá para allá mientras escuchaba el canto de las alondras. Todo parecía tan fresco y tan limpio como la primera vez que lo vio y, en ese preciso instante, un amor intenso fue creciendo en su interior.

—Me veo más hermosa ahora que antes... salvo, quizás, cuando era niña, —dijo pensando y volviendo a recordar el pasado.

—Cuando buscas la belleza en el universo, comienzas también a ver tu propia belleza —le contestó la bruja—, si la buscas en lo que es, la encontrarás. Si, por el contrario, te fijas sólo en la imperfección, eso es lo único que hallarás.

En ese momento, una voz humilde y familiar interrumpió los pensamientos de la princesa:

—¿Victoria?

Se le hizo un nudo en la garganta:

—¿Sí?

—Tenía razón en algo, —dijo Vicky.

—¿En qué?

Esperó un momento antes de contestar:

—En que era capaz de quererme a mí misma si tú podías aceptarme tal y como era.

Tanto Vicky como Victoria comenzaron a llorar de alegría durante un buen rato hasta que, una vez más, se vieron inundadas por las mismas lágrimas pero esta vez de felicidad.

—No tenemos que preocuparnos por si nos ahogamos, ¿verdad, Victoria? —preguntó Vicky llena de júbilo—, no nos va a ocurrir porque nos tenemos la una a la otra y ya sabemos nadar, ¿no es así, Victoria?

—Así es.

De pronto, la princesa sintió una inmensa paz que en nada se parecía a la que había sentido hasta ese momento.

—De alguna manera, me siento como si hubiera vuelto a casa.

—Es cierto —le contestó la bruja—, has regresado a la casa y a la familia que desde hace mucho tiempo tenías en el olvido y que mucha gente se pasa buscando toda la vida... sin darse cuenta de que forman parte de ella desde el principio.

—¿Familia?, ¿qué familia?

—En el país de Es todos somos una familia, incluidos los conejos, los pájaros, los peces, las flores, las estrellas, tú y yo. Desde este mismo momento, independientemente del lugar al que vayas o en el que estés, será tu hogar porque estés con quien estés será tu familia.

La princesa observó toda la belleza que le rodeaba y de la que formaba parte, sintiéndola en todo su esplendor.

—Ahora, cariño, el templo de la Verdad y el pergamino sagrado te aguardan.

—¡El templo de la Verdad! —gritó la princesa—, no lo he visto, ¿dónde está?

—En la cima de esa montaña —le contestó la bruja señalando hacia el otro lado del valle—, es un paseo maravilloso, disfrutarás con él.

—¿No vienes conmigo?

—No, esta etapa del camino debes realizarla tú sola.

—Pero, ¿por qué?

—Porque es la única manera de que puedas oír la voz del infinito.

—¿Qué es eso?

—Es algo que no se puede explicar porque para saber lo que es, primero hay que sentirla.

—¿Te volveré a ver alguna vez?, —preguntó la princesa comenzando a echar ya de menos a la bruja.

—¡Claro que sí, cariño!, antes de lo que crees, —le contestó la bruja, dándole un beso y desapareciendo tras una nube de humo blanco.

Con el corazón lleno de alegría, la princesa se puso en camino cruzando el valle hacia el templo de la Verdad. Cuando llegó a la falda de la montaña, divisó un sauce llorón que se erigía solemne como un monumento retando al cielo del atardecer, a pesar de estar inclinado por el peso. La princesa se detuvo bajo sus ramas unos minutos preguntándose por qué se sentía tan fascinada por ese árbol. Por fin, halló la respuesta: el sauce que con decisión miraba hacia el cielo transformando todo su peso en belleza y elegancia, representaba toda su vida.

Dejó caer su bolso de cachemir y se sentó al lado del árbol, apoyando la cabeza en el tronco y cerrando los ojos. Se relajó tanto que, unos minutos más tarde, hasta el clamor de sus propios pensamientos se fue apagando. En ese momento fue cuando la oyó.

La voz del infinito no se parecía a ninguna otra; era una voz dulce que le hablaba susurrando a su corazón. De hecho, la princesa pensó al principio que se lo estaba imaginando.

Con dulzura la voz le volvió a hablar. No fue lo que le dijo lo que le hizo pensar que algo insólito estaba sucediendo, sino la intuitiva sensación de su presencia. Se sintió en paz, tranquila y llena de energía. Asimismo, el amor parecía envolverla igual que una cálida manta de invierno.

—¿Por qué no me has hablado antes?, —preguntó la princesa.

—Lo he hecho muchas veces, pero tú no me escuchabas, —le contestó.

En la mente de la princesa comenzaron a surgir muchas preguntas que acaparaban su atención.

—Tengo un millón de preguntas que hacerte, —le dijo sintiéndose, a la vez, un tanto ridícula e incómoda pues tenía sus dudas de no estar hablando consigo misma.

—Sea cual sea tu pregunta, la respuesta está en la verdad —dijo la voz—, encuéntrala y sabrás todo lo que desees.

—Pero, ¿y el amor?

—Dondequiera que esté la verdad, ahí hay amor.

Sin inmutarse, preguntó la princesa a continuación:

—¿De la verdad y del amor es de lo que trata todo, es decir, la vida?

La voz del infinito le honró con su respuesta:

—La vida consiste en descubrir su propia naturaleza.

Luego, de la misma forma misteriosa en la que había aparecido, la voz fue desapareciendo.

—¡Espera, no te vayas!, ¡no me dejes!, —gritó la princesa preocupada al pensar que si se iba desaparecería ese sentimiento de amor y de paz que la envolvía.

—Formo parte de un todo superior y tú también. Yo estoy dentro de ti y tú lo estás dentro de mí. Siempre estamos juntas, incluso cuando crees que no es así, —le dijo la voz.

El gran vacío que durante tantos años había ocupado el interior de la princesa se llenó de júbilo, de ella misma y de una paz inmensa.

—¿Lo prometes?

Como un eco lejano trajo el viento su respuesta:

—Siempre estaré contigo, lo único que tienes que hacer es llamarme... y luego escuchar.

Un silencio, todavía más absoluto, reinó tras el eco de su voz.

A continuación, la princesa comenzó a subir por la montaña balanceando con gran regocijo el bolso de cachemir en dirección al templo de la Verdad mientras su corazón latía lleno de esperanza.

17

El templo de la Verdad

EL TIEMPO parecía pasar muy rápido mientras la princesa subía por la montaña con una gran curiosidad por descubrir los maravillosos secretos que el pergamino sagrado le iba a revelar y la visión del magnífico templo que pronto iba a poder contemplar. Ahora bien, en ningún momento llegó a imaginarse la espectacular belleza que tuvo ante sus ojos una vez que llegó a su destino.

Era media mañana y el sol comenzaba a calentar; la princesa se detuvo a contemplar el elaborado enrejado de dos grandes verjas de hierro forjado en blanco. De forma inesperada, se abrieron como si la invitaran a entrar, dejando al descubierto el majestuoso edificio del fondo con columnas labradas en piedra blanca, unas enormes escalinatas y unas puertas de entrada de cristal biselado que brillaban con la luz del sol de tal forma que el palacio resultaba a los ojos de la princesa el más maravilloso que había visto en su vida. La verde hierba aterciopelada cubría el patio, y los jardines de flores de vistosos colores y exuberante vegetación mantenían el templo en todo su esplendor.

La princesa respiró a fondo y comenzó a cruzar el suelo del patio formado por grandes piedras de granito en forma de corazón, seguida de cerca por las blancas y sedosas nubes movidas por una suave brisa.

Un momento más tarde, oyó un susurro de voces a su alrededor. «Crece... crece... crece», alentaban las voces, como si se lo estuvieran diciendo a todas las briznas de hierba y a todos los árboles, arbustos y flores sin excepción. Al instante, la princesa reconoció la voz que formaba el coro al unísono: era la voz del infinito.

Todo se movía, se balanceaba y fluía a la luz del sol, siguiendo los latidos del universo. Por fin, la princesa pudo llegar a comprender que Doc, la bruja y la voz del infinito le habían dicho toda la verdad sobre sí misma y sobre todo *lo que* era realidad.

Al acercarse al templo, las puertas principales se abrieron de pronto. «Aquí está.» dijo la princesa entrando en su interior mientras su corazón latía lleno de emoción.

En el centro del gran vestíbulo había una fuente de tres pisos de piedra blanca de la que brotaba un agua cristalina que iba a parar a una superficie reluciente llenando el aire con su música. La princesa siguió andando muy despacio mientras su cuerpo se movía al compás de la cascada de agua.

Cuando llegó al otro extremo del vestíbulo, se asomó al interior de la sala principal del templo y lo que vio le hizo contener la respiración: paneles alternos de piedra blanca pulida y cristal biselado formando una sólida rotonda. En el lado opuesto de la sala, delante de una pared de piedra maciza había una gran tarima y, en ella, un trono tapizado con el mismo terciopelo que la capa real del rey. A ambos lados del trono había un pedestal de alabastro blanco con un extraordinario jarrón tallado a mano adornado con docenas de rosas rojas de tallo largo. El verde intenso y los llamativos colores del patio se reflejaban a través de los cristales, dejando al descubierto un jardín de diferentes tonalidades que invadía toda la rotonda. Los brillantes rayos del sol iluminaban la estancia a través de una enorme bóveda de cristal biselado.

Con mucho respeto y temor, la princesa entró en la sala. «¡Hola!», dijo en voz alta, preguntándose quién se ocuparía de todo eso. Segura de que alguien debía de haber por allí volvió a decir : «¡Hola!»

Sin saber qué más hacer, fue paseando hasta llegar al trono. Se subió a la tarima y, de forma instintiva, se dirigió a uno de los jarrones de rosas, se inclinó y aspiró su perfume. En realidad, tenía la costumbre de pararse a oler las rosas aunque, durante algún tiempo, había sido incapaz de disfrutar de su fragancia.

Dejó en el suelo el bolso de cachemir y acarició con la mano el suave terciopelo que cubría el trono.

—¿Hay alguien por ahí?, —preguntó deseando saber a quién podía pertenecer ese trono, pero nadie le contestó.

Cansada del duro viaje, decidió sentarse esperando que a la persona a la que perteneciera el trono no le importase. Sus recuerdos le llevaron a los momentos en los que, siendo niña, el rey la envolvía con su capa al estrecharla entre sus brazos y su pecho se henchía de orgullo. Después, comenzó a pensar en su viaje desde el inicio hasta ese momento ya que, aunque había sido largo y difícil, le había llevado hasta ese lugar y se sentía feliz de haberlo hecho. También se acordó del pergamino sagrado y cayó en la cuenta de que no lo había visto, pero tras echar un vistazo por la sala, siguió sin verlo por ninguna parte.

De repente, como por arte de magia, un pájaro azul fue a parar a su hombro. La princesa se quedó perpleja al tiempo que se preguntaba: «¿De dónde ha salido?» Hacía mucho tiempo que no se posaba sobre su hombro un amiguito alado y se sintió encantada levantando la mano y ofreciéndole al pájaro su dedo. El pájaro azul saltó y se posó en él, la princesa bajó la mano para observar la cara del pajarillo y su cuerpo rechoncho tan poco corriente.

—¡Pero, yo te conozco!, ¡eres el mismo pájaro que solía entrar volando por la ventana de la cocina y que aterrizaba siempre en los pistachos!, —exclamó con alegría.

Los ojos del pajarillo parecían brillar también y comenzó a piar entonando una alegre melodía.

De repente, la música de un banjo resonó por toda la rotonda, al compás de la melodía. La princesa saltó del trono con el pájaro cantor posado todavía en su hombro.

—¡Doc!, ¡oh, Doc!, ¡me alegro mucho de verte! —exclamó la princesa—, ¿qué haces aquí?

—Acompaño al Pájaro azul de la felicidad de muchas formas diferentes, —contestó el búho mientras seguía tocando el banjo.

—¿El Pájaro azul de la felicidad?, ¿*este* pájaro?», preguntó la princesa mirando con sorpresa a la criatura cantora que se posaba ahora en su dedo. Volvió a mirarle a los ojos y dijo:

—Ahora entiendo por qué me sentía tan bien cada vez que aparecías, amiguito mío. Supongo que será verdad que para encontrar la felicidad sólo hace falta mirar en nuestro jardín... o en nuestra cocina, según sea el caso, —dijo la princesa riéndose.

—La verdadera felicidad no se encuentra ni en el jardín ni en la cocina —contestó Doc—, y no viene de los pájaros, ni siquiera de éste, ni del otro lado de la verja donde parece que la hierba es más verde. Surge del interior de cada uno de nosotros cuando conocemos la verdad de las cosas.

—¿Quieres decir que el pájaro azul no trae la felicidad?

—Al igual que el príncipe azul, el pájaro azul viene a *celebrar* la felicidad de cada uno pero no es el encargado de *conseguirla*.

194

La princesa pensó en las palabras de Doc mientras seguía escuchando la dulce melodía.

—La música que tocáis entre los dos es preciosa. Una vez, el príncipe y yo formamos también un dúo perfecto. ¡Oh, cómo me gustaría que volviera a ocurrir!

—Y lo volverás a hacer algún día, pero hay cosas a las que debes prestar más atención primero.

—¿Como el pergamino sagrado? He mirado por todas partes pero no lo he encontrado. La persona que esté al cargo de este sitio debe saber dónde...

—*Nosotros* somos los encargados aquí.

—Pero... pero, ¿de quién es este trono?

—Tuyo, princesa, —respondió Doc.

De repente, la sala se vio envuelta en una gran nube de humo blanco y, en el centro de ella, una figura con el pelo plateado agitaba los brazos intentando despejar el humo.

—¡Espero haber llegado a tiempo! —exclamó la bruja—, no quisiera perderme ni un detalle.

—Tanto tú como yo sabemos que nunca pierdes un *detalle*, —dijo Doc guiñándole de broma un ojo.

—Henry, me alegro de verte y a ti también, cariño —le dijo a la princesa—. Ya veo que has llegado hasta aquí sana y salva, ya sabía que lo conseguirías.

Luego, volviéndose al búho le preguntó:

—¿Está todo dispuesto, Henry?

—¿Dispuesto para qué?, —preguntó la princesa.

—Aún no lo sabe, —le susurró Doc a la bruja.

—¿Saber el qué?, —preguntó de nuevo la princesa.

—Que te hemos preparado una ceremonia especial de bienvenida, —le contestó Doc.

—¿De verdad?, ¿para mí? —dijo la princesa en un tono de alegría infantil—, ¿y, por fin, conseguiré ver el pergamino sagrado?

Antes de que Doc pudiera responderle, una bandada de pájaros entró volando en la sala, inundándola con sus animados gorjeos y dando vueltas alrededor de la princesa mientras algunos de ellos se posaban por un momento en sus hombros y en sus brazos.

—¡Mis viejos amigos! —exclamó la princesa reconociendo al instante los pájaros de los días pasados.

Uno a uno, fue acariciándoles la cabeza con la mano y arrullándolos como hacía antes.

—Estoy muy contenta de volver a veros —dijo—, os he echado mucho de menos.

Cuando terminó de acariciar al último pájaro, dijo la bruja:

—¿Serías tan amable de ocupar tu trono ahora, princesa? Por favor, que todos los invitados ocupen sus asientos respectivos. La ceremonia está a punto de comenzar.

Los pájaros volaron por toda la sala hasta que, con gran rapidez, se posaron formando unas pequeñas filas muy bien dispuestas, al igual que en el teatro, de cara al trono. A un lado del mismo, la bruja ocupó su lugar.

La princesa se acomodó en el asiento de terciopelo y, en ese momento, una paloma que, según parecía se había quedado rezagada detrás de las demás, entró volando llevando en el pico dos sobres que entregó a Doc.

—¿Qué son?, —preguntó la princesa forzando un poco la voz por encima del gorjeo de los pájaros que no habían dejado de cantar desde que entró volando la paloma.

—Son pájarogramas, —respondió Doc—, por supuesto para ti. ¿Quieres leerlos?, —le preguntó ofreciéndoselos a continuación.

—No, léelos tú para que todos puedan oírlos.

La sala guardaba silencio mientras Doc abría el primer sobre. Se aclaró la garganta y comenzó a leer :

«DESEARÍA PODER ESTAR CONTIGO HOY, PERO POR RAZONES OBVIAS NO PUEDE SER. DESEO QUE TU FELICIDAD SEA TAN PROFUNDA COMO EL MAR Y TAN GRANDE COMO EL CIELO. TE LLEVO SIEMPRE EN MI CORAZÓN. TE QUIERO, DOLLY.»

—Ha sido un gesto muy bonito por su parte», dijo la princesa mientras los gorjeos de aprobación inundaban toda la rotonda. Doc y la bruja coincidieron al decir que los sentimientos de Dolly eran muy hermosos y que eran muy propios del delfín.

A continuación, Doc abrió el segundo sobre y leyó :

FELICIDADES. ME HA ALEGRADO MUCHO SABER QUE NO HAS MALGASTADO TU TIEMPO. DESEO QUE TE LABRES UN BUEN FUTURO EN LA VIDA.

Doc miró por un momento a la princesa y luego volvió a fijarse en el pájarograma.

—Está firmado: «Con mis mejores...», pero luego hay un garabato. Debajo pone: «Sinceramente tuyo», pero también ha sido tachado. Más abajo dice: «Bueno, en fin, te quiero. Willie el tallador de Borgoña.»

La princesa se echó a reír:

—¿No es adorable?

Doc soltó una risita y dijo que el pájarograma de Willie era muy acertado. Los pájaros irrumpieron con sus animados gorjeos y sus incesantes aleteos. A la bruja le pareció todo muy divertido.

Cuando el gorjeo, el aleteo, los comentarios y las risas cesaron, Doc dijo, como corresponde a un gran maestro de ceremonias:

—Nos hemos reunido hoy aquí para honrarte, princesa, por tu fuerza, tu coraje y tu decisión en la búsqueda de la verdad.

«Fuerza, coraje y decisión»... la princesa sonrió. «Sí, Doc

tenía razón —pensó—, nunca en mi vida me he sentido más fuerte, más valiente ni más decidida.»

—Has llegado hasta aquí a través de los mares tormentosos y las arenas profundas, has subido montañas escarpadas y te has enfrentado a una densa niebla —continuó Doc—, has resbalado, tropezado y caído con la única intención de volver a levantarte y proseguir la marcha. Todo esto y mucho más has tenido que soportar en la búsqueda de la verdad... una verdad que prometía curarte y traer la paz y el amor que con tanta desesperación deseas.

Con gran ceremonia, se ajustó el estetoscopio y continuó:

—Con todo merecimiento, te has ganado el honor de estar aquí hoy en el templo de la Verdad y de poder tener entre tus manos el valioso pergamino sagrado.

—No lo veo por ninguna parte, —le susurró la princesa a la bruja llena de impaciencia.

—No te preocupes, todo ocurre en el momento preciso, —le contestó la bruja también entre susurros.

CAPÍTULO

18

El pergamino sagrado

 EN EL TEMPLO reinaba un silencio absoluto y el corazón de la princesa latía con tal fuerza que llegó a pensar que todo el mundo podía oírlo irrumpiendo en medio de esa quietud.

La bruja se colocó frente al muro de piedra y levantó las manos para hacer aparecer en ese momento una nube de humo blanco.

Un minuto más tarde, la pared retumbó con gran estruendo haciendo vibrar toda la rotonda, y la princesa se agachó agarrándose a los brazos del trono. De repente, una parte del muro se abrió y dejó al descubierto un pergamino sagrado viejo y de aspecto bastante frágil precintado con un sello dorado y colocado en un altar tachonado con joyas.

La bruja cogió el pergamino del altar como si se tratase de una pieza de porcelana muy delicada y se la ofreció a la princesa quien, a su vez, lo recogió y, acto seguido le quitó el sello con gran cuidado.

—He esperado mucho tiempo este momento, —dijo con voz temblorosa.

—Has hecho algo más que *esperar* —le recordó la bruja—. Recibir el pergamino sagrado es un honor que te has *ganado*.

La princesa sentía un hormigueo en su estómago mientras desenrollaba el pergamino. Parecía como si hubiera sido escrito por el calígrafo del palacio real, y esto le recordó su *Código real de sentimientos y conducta de princesas.*

—¿Puedo leerlo en voz alta?, —preguntó.

—Sí, cariño, es una magnífica idea, —respondió la bruja que andaba un tanto atareada intentando ponerse un par de gafas de alambre algo torcidas y que, con gran esfuerzo, había sacado del bolso para poder leer.

La princesa respiró a fondo para tranquilizarse, y luego comenzó a leer en voz alta:

—El primer pergamino sagrado... ¿El primero? —repitió mirando el pergamino—, no veo ningún otro más.

—No hace falta discutir eso ahora, —le contestó la bruja.

—Espero que no signifique lo que estoy pensando, —dijo la princesa mirando varias veces a Doc y a la bruja. Luego, siguió leyendo:

El primer Pergamino Sagrado
Creemos que estas verdades son evidentes...
Aunque muchas veces no lo son.

I

Somos, ante todo, criaturas del universo:
completas, bellas y perfectas en cada detalle,
siguiendo los deseos del infinito.
Así pues, nos merecemos por derecho natural
ser amados y respetados, y es nuestro deber no
aceptar nada más.

—Y nunca lo volveré a hacer —afirmó la princesa mirando fijamente a Doc y a la bruja que asentían con la cabeza—. Esto debería haber estado en el *Código real de sentimientos y conducta de princesas* que había colgado en la pared de mi habitación y que me guió todos los años de mi infancia.

Bajó la vista y continuó leyendo:

II

Así como todo el océano puede verse en una gota de agua, también nosotros somos la esencia de la vida. Al igual que la marea sube y baja, también nosotros nos movemos con el flujo de la vida, aceptando que la única constante es el cambio y que todo es como tiene que ser, aunque muchas veces no sepamos por qué.

—Este tema del mar me recuerda a Dolly —dijo la princesa—, que me enseñó todo lo que debía saber sobre el mar, y con quien aprendí a relajarme y a dejarme llevar por la corriente, en vez de luchar contra ella. ¡Ojalá pudiera estar aquí!, ¡cuánto habría disfrutado con todo esto!

III

En los brazos de la debilidad está la fuerza, ansiosa de poder salir. En las garras del dolor, el placer que espera su momento. Y en un camino lleno de obstáculos, la oportunidad que se presenta con ellos. Esto es lo que nos brindan estos maestros en nuestras vidas y debemos de estarles eternamente agradecidos.

De repente, la princesa cayó en la cuenta:

—Nunca pensé que el dolor causado por el príncipe fuera mi maestro, pero supongo que todo lo que he aprendido ha sido gracias a él.

—Recuerda que algunas de las lecciones más valiosas se aprenden cuando el dolor es más intenso, —contestó Doc.

La princesa suspiró y prosiguió con la lectura:

IV

Formamos parte de un gran plan
que no depende de nosotros.
Todos tenemos un lugar reservado
en este gran proyecto
y una razón para existir.

La princesa siguió leyendo pero comenzó a sentir un hormigueo en las manos y los pies, y empezó a notar también en su pecho un gran calor. En realidad, nunca se había sentido así.

La bruja puso la mano en su hombro y dijo:

—Todo está bien, cariño. Lo que sientes es el reflejo de lo que estás pensando y creyendo.

Muy raro le resultó a la princesa que la bruja pudiera saber lo que sentía sin haberle dicho nada antes, aunque intentó olvidarlo para centrar su atención de nuevo en el pergamino:

V

La experiencia no es siempre la verdad, pues
aparece coloreada por los ojos de quien la ve.
Sólo en el silencio de nuestra mente podremos
oír la verdad. La dulce voz que le habla a
nuestro corazón igual que un susurro, es la
voz del Creador que despierta dentro de
nosotros para que seamos conscientes de lo

que somos en realidad, de lo que se espera
que hagamos y de todo lo que ya sabemos.

La princesa se acordó del momento en el que la dulce voz del infinito le habló a su corazón y pensó en todo lo que había sentido mientras la oía. Poco a poco, el hormigueo de las manos y de los brazos fue aumentando y el calor de su pecho comenzó a extenderse por todo el cuerpo. Ahuecó las manos junto a la boca y le dijo susurrando a la bruja:

—Disculpa, pero *me estoy* sintiendo algo rara y no lo entiendo. El pergamino es precioso pero parece demasiado simple y obvio... quiero decir que algunas de las cosas que dice ya las sé.

—Saber la verdad no basta —le volvió a decir susurrando la bruja—, la debes sentir como una parte de ti para que haga efecto su magia.

—¿Eso es lo que me está pasando?, ¿la verdad se está convirtiendo en una parte de mí?

—La verdad siempre ha formado parte de ti aunque no te dieras cuenta.

—Y ahora que voy siendo más consciente de ello, ¿podré hacer aparecer nubes de humo blanco como tú?, —le preguntó la princesa en un tono infantil.

—No habrá humo blanco, cariño, aunque sí magia. Pronto sabrás a lo que me refiero pero, por ahora, sigue leyendo.

VI
Cada momento nuevo es un banquete de
infinitas posibilidades. Cada día es una
exquisita fruta que espera ser escogida.
Una y otra vez, debemos recoger la cosecha,
comer hasta saciarnos sin derrochar, pues

muy preciado es lo que tenemos ante nosotros.
Y todo lo que es muy pronto será pasado.

—Aunque todo lo que es y lo que fue, es uno, —interrumpió la bruja.

La princesa dejó de leer y levantó la vista hacia ella, algo perpleja.

—Lo siento —dijo la bruja a modo de disculpa—, no pretendía interrumpirte. De todas formas, ya trataremos esta cuestión en otro momento así que, por favor, continúa, cariño.

VII

Cuando caminamos por el camino de
la Verdad, sentimos cómo fluye dentro
de nosotros la belleza y la perfección de todo
lo que somos, de lo que son los demás y
del universo. Hemos elegido el camino de
la ternura, de la amabilidad, de la compasión,
de la aceptación y del aprecio. Nuestra
mente se llena con todas estas cosas y tal
plenitud crea amor en nuestro corazón que,
a su vez, trae el amor a nuestra vida.

VIII

Cuando seguimos por el camino de la
Verdad somos conscientes también de que
lo que ocurre en nuestro interior es mucho
más importante que lo que hemos dejado
atrás o lo que ven nuestros ojos. Pues lo
que sentimos en nuestro interior es nuestro
mayor tesoro, la grandeza del universo
en sí mismo.

El silencio reinó en toda la rotonda, es más, no se oyó ni un gorjeo ni una palabra. La princesa sentía cómo una intensa energía seguía recorriendo todo su cuerpo mientras el calor de su pecho aumentaba hasta el punto de apoderarse de todos los presentes, envolviendo la rotonda, los jardines y el cielo que la cubría. Se sintió ligera, llena de vida, y experimentó la claridad más intensa que jamás había conocido.

De repente, la princesa descubrió por qué le había afectado tanto el pergamino sagrado que tenía en sus manos y lanzó una mirada a Doc, a la bruja y al numeroso grupo de pájaros que aguardaba con impaciencia.

—Éste es mi *nuevo Código real*, —anunció.

En ese mismo instante, se formó a su alrededor una nube de humo blanco que al extinguirse, hizo desaparecer el pergamino sagrado. En su lugar, había un maravilloso espejo de mano con rosas pequeñas grabadas en él. La princesa se asustó y preguntó alarmada:

—¿Qué le ha sucedido al pergamino?, me hubiera gustado quedármelo para siempre.

—No te preocupes, lo tengo aquí —contestó la bruja mostrándole el pergamino y sugiriéndole a continuación—. Ahora, mira en el espejo, cariño.

—Pero, ¡si sólo me voy a ver a mí misma!, no te entiendo.

—¡Vamos, princesa, mira!, —le dijo Doc emocionado por la tenue luz que cada vez se hacía más visible e iba formando un halo alrededor de la princesa.

Victoria accedió y, tras mirarse en el espejo, éste le devolvió un destello de sus grandes ojos ámbar más brillante que cualquier otro que hubiera visto en su vida, más incluso que el que una vez vio en los ojos de su adorado príncipe.

De repente, la voz de Vicky irrumpió en el silencio:

—¿Están brillando por nosotras, Victoria?

—Sí, —respondió la princesa mirándose de nuevo en el espejo para comprobar que era cierto.

—Nadie podrá arrebatárnoslo esta vez, ¡ni nunca!, —dijo esa vocecita llena de emoción y que Victoria tanto adoraba ya.

Con gran entusiasmo, la princesa se rodeó con sus brazos y se abrazó con gran fuerza.

Doc le guiñó un ojo a la bruja y ésta sonrió llena de satisfacción mientras los pájaros piaban sin cesar.

Entre tanta algarabía, Vicky consiguió decir:

—Tengo que hacerte una pregunta muy, muy importante, Victoria.

Los pájaros volvieron a su lugar y todas las miradas se posaron en la princesa.

—¿De qué se trata, Vicky?, —preguntó Victoria ayudándose con el pañuelo que le había ofrecido la bruja a secarse las lágrimas de alegría.

—¿Prometes amarme y respetarme en lo bueno y en lo malo, en la salud y en la enfermedad y todo lo demás?

—Sí —contestó Victoria—, y prometo también cuidarte, escucharte e intentar entenderte.

—¿Harás todo lo posible para evitar que vuelvan a herirme?

—No puedo prometérte*lo* pero lo que *sí* te aseguro es que estaré a tu lado siempre y que seré tu mejor amiga.

—¿Lo juro y que me muera?

—Sí, Vicky —dijo Victoria dejando el espejo en el suelo al lado de ella y poniendo la mano sobre el pecho—, lo juro y que me muera, beso al lagarto si así fuera.

Victoria levantó la vista con cierta timidez pensando que, tal vez, a los ojos de los demás tanto ella como Vicky pudieran parecer tontas pero, en ese momento, la bruja le sonrió con aire tranquilizador.

Victoria respiró a fondo y se aclaró la garganta:

—Y *tú*, Vicky, ¿prometes colmarme siempre de dicha y de inocencia y conseguir que reine la felicidad en mi corazón?

—Lo prometo, ¡pase lo que pase!

—¿Y prometes deleitarme con tu risa, tus lágrimas y la dulzura de tus canciones?

—¡Sí, lo prometo!

Victoria cogió una rosa de uno de los jarrones de cristal y la puso ante ella con gran cariño.

—Esto es para ti, Vicky. Una prueba de nuestro amor.

—También es para ti, Victoria. ¡Es *para* nosotras *de parte* nuestra!, ¡y no tiene nada que ver con que alguien dejara de dárnoslas!

La princesa se levantó de un salto.

—¡Nunca imaginé que pudiera ser tan feliz sin un príncipe a mi lado!, tenías razón —le dijo a la bruja—, cuando sientes que la verdad forma parte de ti, ¡*es* magia!

Alzó la rosa en alto, moviéndola a un lado y a otro con elegancia, inclinándose hacia arriba y hacia abajo formando una espiral, dejándose llevar por un sentimiento que procedía de lo más hondo de su ser, sin darse cuenta de que un halo de radiante luz brillaba a su alrededor.

Los pájaros piaban a pleno pulmón, batiendo sus alas y dando pequeños saltos por toda la rotonda. También Doc movía sus alas, saltaba y se unía a sus gorjeos ofreciendo el mejor de sus cantos. La bruja, que se reía a carcajadas, participaba también de la diversión.

De repente, en medio de tal algarabía, la princesa se acordó de su cuento de hadas y se sintió un tanto perpleja. Llamó a Doc y le dijo:

—Cuando comencé este viaje me dijiste que al llegar al templo de la Verdad sería capaz de conseguir hacer realidad mi cuento de hadas.

—Y así es, princesa —le contestó el búho—; para poder

amar de verdad a alguien, primero debemos amarnos a nosotros mismos.

—Pero, se supone que en los cuentos de hadas también hay un príncipe, ¿no?

—Sí, pero eso ocurre en los cuentos que se les leen a los niños antes de dormir. Asimismo, los cuentos de hadas de la vida real siguen siendo felices después... con o sin príncipe.

La princesa se preguntó por qué durante tanto tiempo había estado deseando un príncipe y por qué, de hecho, muchas veces se había sentido que no era nada si no tenía uno a su lado. Es más, necesitaba un príncipe que la amase y el brillo de sus ojos para ser feliz y sentirse bella, especial y adorable.

—En realidad, sólo sirve para demostrar lo equivocado que se puede llegar a estar, —pensó mientras recordaba todo lo que había aprendido sobre príncipes, rescates y enamorados. Ahora sabía que por mucho que siguiera queriendo un príncipe *en* su vida, nunca podría volver a *ser* la luz de su vida pues se amaba a sí misma lo bastante para ser feliz... con príncipe o sin él.

—Una vez me dijiste que mi cuento de hadas se haría realidad, pero que podría ser diferente del que yo me imaginara —dijo la princesa—, pues bien, estoy empezando a comprender lo que querías decir con eso.

A continuación, se sentó en una esquina de la silla real con la cabeza inclinada, tapándose la cara con las manos. «Pero sigo queriendo un príncipe que haga que se aceleren los latidos de mi corazón y que me tiemblen las rodillas cuando me mire a los ojos.»

—Es una idea muy romántica, te lo aseguro, pero para elegir al príncipe azul de tu vida debes pensar en algo más que en mirarte en los ojos de un extraño y sentir que él es tu príncipe.

—Entonces, ¿cómo sabré que es él?

—Por la pureza de su espíritu y la grandeza de su corazón.

—¿Quieres decir que será como dice el pergamino sagrado: amable, gentil, compasivo y todo lo demás?

—Sí —contestó Doc—, consigo mismo y con los demás. Pues uno ama a los demás igual que se ama a sí mismo... con amabilidad y aceptación o con dureza y rechazo.

—¿En eso consiste el secreto del amor verdadero?, —preguntó la princesa.

—En parte sí —respondió Doc—, y en parte por una cuestión de gustos.

—¿De gustos?

—Claro, uno no puede amar a una persona que no le gusta y eso significa que te guste lo que la otra persona *es en realidad* y no lo que *quieres o necesitas* que él o ella sean.

La princesa pensó por un momento, y luego preguntó con cierta impaciencia:

—¿Tiene alguna parte más este secreto?

—Sí, muchas más como, por ejemplo, confiar, compartir y ser los mejores amigos. De hecho, el amor verdadero significa libertad y crecimiento antes que posesión y limitaciones. Asimismo, es sinónimo de paz y no de confusión, también de seguridad en vez de miedo —dijo Doc hablando cada vez más rápido—, significa además entendimiento, lealtad, estímulo, compromiso, conexión y, lo que es más importante para *ti*, princesa, significa respeto. Porque cuando uno no es tratado con respeto, aparece el dolor y nadie lo puede evitar... un dolor profundo, molesto, destructivo, capaz de crispar los nervios y que, en ningún caso, forma parte de la belleza que encierra el amor verdadero.

—Sé muy bien de *lo que* estás hablando y ahora comprendo que era mi obligación no aceptar otra cosa que no fuera el respeto, como dice el pergamino. Pero supongo que hasta el amor verdadero debe tener sus momentos difíciles, es decir, que a veces la gente se altera y dice cosas que...

—Sí, pero uno puede enfadarse por algo que haya dicho o hecho otra persona sin dejar de gustarle o de tratar mal a quien lo dijo o lo hizo. El amor verdadero significa aceptar los desacuerdos como amigos y compañeros de equipo y no como adversarios o rivales, pues el auténtico amor no consiste en luchar o en ganar —el tono de su voz comenzó a elevarse y a hacerse más profundo mientras permanecía de pie, erguido y con el pecho hinchado igual que un pavo real—, y tampoco significa degradación, crueldad, ataque o violencia. Hace de tu hogar tu palacio, no tu prisión. El amor verdadero...»

—Doc... Doc, —le llamó la bruja con insistencia.

El búho dejó de hablar en ese mismo momento y agitó las alas por delante de su cara.

—¡Ay!, supongo que me he dejado llevar —dijo mientras volvía a bajar las alas—. Lo siento, me suele suceder cuando hablo de mi tema favorito.

—Está bien, también es el *mío*, —contestó la princesa. A continuación, suspiró y dijo—: Es gracioso... llevo soñando con encontrar el amor verdadero toda mi vida sin saber siquiera lo que era.

—Por esto mismo te ha resultado muy difícil encontrarlo. Uno no puede encontrar lo que está buscando a no ser que sepa primero lo que es.

La princesa se sentó sin decir una palabra y con los ojos llenos de lágrimas. Por fin habló:

—Mi cuento de hadas me hizo creer que lo que tenía era el amor verdadero —se movió algo incomoda en su asiento—. Creía en la felicidad del cuento de hadas a pesar de la agonía de la vida diaria. Seguía y seguía, esperando y deseando que mi cuento de hadas se hiciera realidad.

—Eso fue entonces y esto es ahora. Tu cuento de hadas puede hacerse realidad si es el adecuado.

La princesa recordó lo que decía el pergamino sagrado acerca de la plenitud mental y del amor del corazón que trae el amor a la vida de cada uno. También pensó en lo que podía tenerle reservado el futuro.

—El amor verdadero parece incluso mejor de lo que había soñado... salvo la parte en la que se suprimen los acelerados latidos del corazón y el temblor de las piernas. Es muy triste, más aún, ¡es muy deprimente!

Doc sonrió:

—Yo no te he dicho que tu corazón no vaya a sobresaltarse ni que tus piernas no parezcan merengue... sólo que la elección del príncipe del que te vas a enamorar requiere que consideres algo más que tu débil anatomía... que, por otro lado, puede impedir que te des cuenta de importantes postes indicadores.

La princesa se sonrojó e intentó sofocar una risita. Luego, se quedó callada mientras Doc, la bruja y los pájaros aguardaban con paciencia. Por fin, dijo la princesa con gran emoción:

—Tengo un *nuevo* cuento de hadas, *diferente* y *mejor*: vivo muy feliz desde ahora y encuentro el amor verdadero con un príncipe que también vive feliz y celebramos nuestra felicidad juntos.

—Has recorrido un largo camino, princesa —dijo Doc—. En cierta ocasión, *necesitaste* amar *para* sentirte bien y, ahora, puedes *elegir* amar *porque* te sientes bien.

—¿Viviremos en perfecta armonía mi príncipe y yo?, —preguntó la princesa como si lo estuviera soñando, a la vez que apoyaba una mejilla en sus manos.

—Será perfecto en su imperfección.

Tal vez se podía imaginar la respuesta a la siguiente pregunta pero aún así la hizo:

—¿Latirán nuestros corazones como si fueran uno solo?

—No, latirán a la par como dos personas que sienten que son una sola.

—¡Oh, eso parece maravilloso! —exclamó la princesa—, pero no sé cómo lo voy a encontrar con lo grande que es el mundo de ahí fuera.

—No te preocupes —le dijo la bruja—, hay muchas cosas que todavía no sabes, cariño... pero que ya aprenderás.

—¡Oh, *no*!—dijo la princesa, dejándose caer de nuevo en el trono—, tuve un presentimiento cuando vi que el pergamino sagrado decía: «El primer...»

—Y estuviste en lo cierto —le contestó Doc—, porque el viaje no termina nunca.

—Creí que ya había llegado al final después de haber superado las duras pendientes, los baches, los guijarros que venían a mis pies y los cantos rodados con los que me tropezaba. ¿No es de eso de lo que trata esta celebración?

—Todo lo contrario, esta reunión significa el comienzo.

—No me atrevo a preguntarlo pero... ¿de qué es el comienzo?, —dijo la princesa con gran expectación.

—De poner en práctica lo que acabas de aprender, ya que una parte importante de la verdad se consigue viviéndola.

La princesa clavó la vista en el suave terciopelo del asiento y lo acarició con los dedos.

—¿Qué te pasa?, —le preguntó Doc.

—Creo que he recorrido un largo camino y, sin embargo, me parece que me queda mucho todavía por andar.

—¿Sí?, ¿para ir a dónde?

—No estoy muy segura, quizás al lugar al que se supone que debo llegar, me imagino.

—La mayor parte de nuestra vida consiste en *ir*, no en *llegar allí* pues cuando uno llega al sitio al que creía que iba, siente de forma inevitable la necesidad de ir a otro distinto.

Todo es una aventura, princesa, un proceso de aprendizaje. Sé feliz, lo mejor está aún por llegar.

De repente, la princesa oyó una música lejana que procedía de alguna parte. Escuchó con más atención para averiguar su origen y, al momento, dirigió la mirada con cierto recelo a su bolso de cachemir que estaba en el suelo cerca del trono.

—Adelante, cariño, —le animó la bruja.

Cuando la princesa abrió el bolso, las notas agudas y vibrantes de una flauta invadieron la rotonda. Preguntándose, un tanto perpleja, qué le habría podido suceder a su canción «*Algún día llegará mi príncipe*», metió la mano en el bolso y sacó la cajita de música pero ¡resultó que no era *su* cajita de música! Esta otra tenía sólo una figura en la parte superior que se parecía a la princesa y que se movía al compás de la música, dando vueltas a un lado y a otro con elegancia, inclinándose arriba y abajo, formando una espiral mientras se dejaba llevar por un sentimiento que procedía de lo más profundo de su ser.

De repente, se oyeron dos flautas y luego un flautín. La figurita se movía de un lado a otro, se elevaba por los aires y volvía a bajar como si su baile siguiera la inspiración de los vivos acordes que sonaban a su alrededor. Pronto se unieron los clarinetes y se fue completando el coro de instrumentos tocando cada vez con más ímpetu. Parecía como si la figura hubiera cobrado vida mientras bailaba un vals con gran elegancia y daba alegres piruetas abandonándose al éxtasis encima de la caja de música.

—¿Qué está pasando aquí?, —preguntó la princesa dando por sentado que la bruja estaba tramando uno de sus trucos.

La bruja esbozó una sonrisa:

—Sigue mirando, cariño.

La orquesta se completó y la música alcanzó su nota más

alta cuando se unió a ella la dulzura de los clarinetes. La apasionada danza de la figura hipnotizó a la princesa al tiempo que la música irrumpía con más fuerza llegando a su plenitud. La princesa fue sintiéndola cada vez más en su interior hasta que, por fin, se unió a ella en perfecta comunión. Con los ojos muy abiertos miraba a la bruja.

—No ha terminado aún, ahora va a ser mucho mejor, —dijo la bruja elevando su voz por encima de la sinfonía musical.

La princesa se sintió contrariada:

—¡Mejor!, ¿cómo es posible que sea mejor que ésta?

—Ya lo verás, vuelve a mirar.

Al hacerlo y para su sorpresa, la figurita estaba bailando con un apuesto príncipe, dando vueltas y moviéndose en perfecta armonía. Los violonchelos se unieron a la música que continuó sonando con más intensidad. La parejita seguía dando vueltas y más vueltas cada vez más rápidas encima de la caja de música.

Cuantos más instrumentos se iban uniendo a la orquesta, la música sonaba con más fuerza hasta que toda la rotonda retumbó con el sonido de los timbales, y los paneles de la pared de cristal biselado vibraron con el choque de los platillos. La parejita real, que se reía a carcajadas, se fundió en un abrazo.

Aturdida, la princesa volvió a mirar a la bruja que, puesta en pie, se mostraba muy orgullosa de su obra.

—Es un pequeño regalo de bienvenida —dijo—, un presagio de tu nuevo cuento de hadas.

La princesa dio un salto y estrechó la cajita de música contra su pecho.

—¡Me encanta!, la pondré muchas veces para que me recuerde que estoy viva y que el amor de mi corazón va a traer el amor a mi vida y que todo será *como* tiene que ser y *cuan-*

do sea oportuno... pues todo ocurre como debe ser y a su hora, —dijo como si lo hubiera sabido toda la vida.

La bruja estaba emocionada con la respuesta de la princesa:

—Te has aprendido bien la lección, cariño.

—Gracias —contestó la princesa llena de orgullo—, ahora lo único que tengo que hacer es vivirla.

—¡Sí!, —exclamó la bruja.

—¡Sí!, —dijo Doc.

—Y lo haré... perfectamente.

—¿Perfectamente?, —le preguntó la bruja algo incrédula.

—¿Perfectamente?, —ahora era Doc el que mostraba cierta preocupación.

Pero la princesa no dijo nada, es más, lo único que se oyó fue el repentino coro de tímidos gorjeos. A continuación, Victoria levantó las cejas intentando con todas sus fuerzas contener la risa que, por otro lado, estaba deseando exteriorizar.

—Sí, *perfectamente*... con la misma perfección que cualquier princesa imperfecta pueda vivirla», dijo por fin estallando en una gran carcajada.

Doc y la bruja se rieron también y los pájaros irrumpieron, para no ser menos, con sus gorjeos y trinos, batiendo las alas y dando saltitos por toda la rotonda, mientras rodeaban a la princesa entre risas y alegría.

Poco después, dijo la bruja:

—Ha llegado el momento de que te vayas.

—¿Ahora?, pero me lo estoy pasando muy bien.

—Sí, cariño... ahora, —contestó la bruja.

—Y, ¿*a dónde* voy?, —le preguntó la princesa acordándose en ese momento de que eso mismo había preguntado cuando dejó al príncipe y se puso en marcha... dándose cuenta de que aunque su corazón latía de igual forma que aquel primer día, esta vez tenía más ilusión y menos miedo.

—Seguirás por el camino de la Verdad —le contestó Doc—, baja por el otro lado de la montaña y vive la aventura que tienes reservada.

—La aventura del *aprendizaje*, ¿no, Doc?

—Sí, princesa, pues siempre hay nuevos caminos que recorrer y nuevas canciones que interpretar. Y, eso me recuerda que... hemos organizado un número musical al aire libre para tu despedida.

—Suena muy bien, —contestó la princesa cogiendo su bolso de cachemir y metiendo dentro la cajita de música. Luego, recogió los pájarogramas de la parte superior del pedestal en el que los había dejado Doc y los puso con mucho cuidado en el bolso al lado del pergamino sagrado que le había entregado la bruja después de enrollarlo.

—¿Puedo coger esto también?, —preguntó la princesa señalando al espejo.

—Claro que sí —contestó la bruja—, lo hice aparecer sólo para ti, cariño... con rosas y todo.

La princesa metió el espejo en la misma bufanda de lana en la que guardaba sus zapatillas de cristal y cerró el bolso.

Cogidas del brazo, Victoria y la bruja cruzaron la rotonda seguidas por Doc que volaba a su alrededor y los pájaros que jugueteaban con gran alegría tras ellas. Atravesaron el vestíbulo, cruzaron el patio y llegaron hasta la verja de hierro forjado en blanco ya entrada la tarde.

—¡Gracias por todo!, —dijo la princesa dejando el bolso en el suelo y abrazando a Doc y a la bruja con pocas ganas de que se fueran—. ¿Os volveré a ver?, —preguntó ilusionada, aunque antes de que pudieran contestarle, ella misma recordó la respuesta y volvió a pronunciar las palabras de Dolly: «Aquellos que llevas en tu corazón están siempre cerca de ti.»

Doc se detuvo y volvió a sacar de su bolsa negra el banjo, se puso el sombrero en la cabeza y comenzó a tocar y a cantar :

Cerca o lejos podrás viajar,
Sin que importe dónde puedas estar,
Sólo recuerda que tu corazón siempre sabrá
Que los cuentos de hadas pueden hacerse realidad.

Un coro de alegres voces se unió a su canto mientras la princesa los escuchaba por última vez y volvía a abrazar a Doc y a la bruja. Cogió su bolso de cachemir y contempló con ternura el maravilloso grupo que tenía ante ella, dispuesta a guardar ese momento en su mente y a recordarlos a todos tal y como eran.

—Sigue tocando esa música, —dijo la princesa en un tono de voz muy suave, como si se tratara de la canción más tierna del mundo.

—Que siga sonando la música es algo que dependerá de ti desde este momento —contestó Doc, extendiendo sus alas en forma de abanico mientras todo el grupo alzaba el vuelo por encima de ella—; sigue hacia adelante y vive tu propia verdad, princesa.

—Así lo haré, —respondió la princesa convencida de ello mientras el magnífico halo de luz que la rodeaba brillaba con más fuerza que nunca.

Victoria se dio media vuelta y se dirigió a la cima de la montaña mientras una gran emoción se apoderaba de ella al pensar en la nueva y maravillosa vida que estaba a punto de comenzar. Sin embargo, se sintió triste pues no sabía cuándo podría volver a ver a sus amigos ni si lo haría algún día. Así que se paró y se volvió para decir adiós con la mano por última vez.

Pero para su asombro, ¡todo había desaparecido!; el templo, Doc, la bruja y los pájaros... ¡todos se habían ido ya!

«¿Cómo es posible?», se preguntaba algo confundida, frotándose los ojos para volver a mirar y comprobar que ya no quedaba nada.

Respiró a fondo varias veces buscando la tranquilidad y, poco a poco, fue oyendo un susurro lejano y familiar que se iba repitiendo como un dulce eco de una montaña a otra. Volvió a escuchar poniendo más atención:

—Cree... cree... cree..., —decía.

En ese preciso momento se oyó a lo lejos, igual que otras veces, la canción de Doc *«Los cuentos de hadas se hacen realidad»*. Al principio, Victoria se quedó atónita pero después, pasados unos segundos, se dio cuenta de lo que estaba sucediendo... ¡la música sonaba en su interior!

Con una amplia sonrisa en los labios y una canción en su corazón, dio un salto y fue descendiendo hacia una magnífica puesta de sol de múltiples colores.

El Comienzo

Unas palabras de la autora...

Q uerida amiga,

Como mujer que ha sufrido durante muchos años un gran dolor y ha vuelto a resurgir con más alegría, fuerza y sabiduría que nunca, le animo a que siga por el camino de la Verdad que le llevará a un lugar alegre y tranquilo en el que cada día será un nuevo don y donde reirá más que llorará.

Asimismo, agradezco que mi propio viaje más allá de las sombras me haya conducido a este pacífico y maravilloso lugar y, al mismo tiempo, me produce una gran satisfacción servir de guía en el camino a los que desean seguirlo, ayudándoles con mis conferencias, mis publicaciones y mi trabajo en Wilshire Book Company, siendo mi editora más antigua, seleccionando y colaborando para que estén disponibles libros únicos que sirvan de enseñanza, de inspiración y de autoridad. Mis cuentos favoritos son los alegóricos porque profundizan en el significado de la vida y del amor, y porque, a su vez, ofrecen una nueva orientación para entender, aceptar y amarnos a nosotros mismos y al universo como, por ejemplo, *La princesa que creía en los cuentos de hadas* y el maravilloso libro de Robert Fisher titulado *El caballero de la armadura oxidada*.

Me llena de alegría poder presentarle al caballero que le ayudará a lo largo de su viaje y que será un ejemplo para los hombres de su vida pues se identificarán con él y aprenderán las valiosísimas lecciones que se deducen de su historia.

El manuscrito original de esta encantadora y fascinante historia fue seleccionado entre los miles de textos que recibimos cada año. Yo misma me interesé por él y llegó a ser uno de los libros más vendidos de Wilshire. Cualquier persona que se haya interesado por comprender el significado de la vida y del amor descubrirá la profunda sabiduría y verdad que encierra la historia del caballero.

Le invito a vivir con él el reto de cambiar su vida al descubrir que no puede desprenderse de su brillante armadura. En la búsqueda de una solución para librarse de ella, se dejará guiar por los sabios consejos del mago Merlín que le animará a embarcarse en la cruzada más arriesgada de su vida.

Con la ayuda de una criatura intuitiva llamada Ardilla y de su fiel e inteligente paloma, Rebecca, el caballero se adentrará por el camino de la Verdad en el que descubrirá su yo verdadero por primera vez. Visitará el castillo del Silencio, el del Conocimiento, el de la Voluntad y la Osadía y, a la vez, será capaz de confrontar las verdades universales que rigen su vida... y las nuestras.

La odisea del caballero es también la nuestra y en ella no ha de faltar ni la esperanza ni la desesperación ni la fe ni la desilusión, ni siquiera la felicidad o la tristeza. Su visión de las cosas será la nuestra mientras le acompañamos en la fascinante aventura de descubrirse a sí mismo.

El caballero de la armadura oxidada es algo más que un libro. De hecho, es una experiencia que abrirá su mente, llegará a su corazón y enriquecerá su alma.

Asimismo, si desea acompañar a la princesa en su viaje de crecimiento personal en la segunda parte que pronto aparecerá de *La princesa que creía en los cuentos de hadas,* por favor envíenos su nombre y dirección.

Hasta que nos volvamos a encontrar, amiga viajera, tenga

presente el sabio consejo de Doc: *Sigue hacia adelante y vive tu propia verdad.* Y prepárese a desear algo nuevo, a soñar algo diferente y a creer... creer... creer de nuevo en usted, en la vida y en el amor.

Índice